아리스토텔레스,
행복한 삶을 말하다

아리스토텔레스,
행복한 삶을 말하다

초판 1쇄 인쇄 | 2024년 11월 22일
초판 1쇄 발행 | 2024년 11월 30일

지은이 이성주
그린이 신병근
책임편집 손성실
편집 조성우
디자인 권월화
펴낸곳 생각비행
등록일 2010년 3월 29일 | 등록번호 제2010-000092호
주소 서울시 마포구 월드컵북로 132, 402호
전화 02) 3141-0485
팩스 02) 3141-0486
이메일 ideas0419@hanmail.net
블로그 ideas0419.com

ISBN 979-11-92745-34-3 43100

책값은 뒤표지에 있습니다.
잘못된 책은 바꾸어 드립니다.

표지 이미지 요소 Freepik

고전으로 만나는
진짜 세상 2

어떻게 살아야 행복해지죠?

아리스토텔레스, 행복한 삶을 말하다

아리스토텔레스,
《니코마코스 윤리학》

이성주 지음 | 신병근 그림

생각비행

여는 말

"3.0행복, 풀리지 않는 숙제"

《니코마코스 윤리학》을 처음 접한 게 대학교 1학년 때였다. "행복에 대한 대철학자의 조언"이라며, 순진한(?) 날 꼬드긴 한 선배 덕분에 2주간 지옥에서 살았던 기억이 난다. 책장을 넘기며, "이건 사람이 읽으라고 만든 책이 아니야!" 하고 읊조렸다. 2400년 전 사람이 쓴 책이고, 논증을 통한 논리 전개 방식이라 따라가기도 벅찼다. 그럼에도 불구하고 이 책이 지금까지 살아남을 수 있었던 이유는 분명했다.

인간은 행복해지기 위해서 태어났다.

이 한마디만으로 이 책은 그 존재 이유를 다 말했다고 본다. 냉정하게 들릴 수도 있겠지만, 우리나라 사람들 중에 상당수가 왜 사는지 그 이유를 모르고 있는 것 같다. 기껏 대답한다는 게, "돈 많이 벌면 행복해지겠죠." 하는 정도니까.

틀린 말은 아니다. 살아가는 데 돈은 아주 중요하다. 그러나 과연 돈으로 우리 인생이 행복해질까? 돈은 행복을 위한 조건일 뿐, 행복이 아니다. 돈은 수단이지 목적이 아니란 소리다. 그런데도 우리는 돈에 집착하며 인생을 살아간다. 꿈이 거세된 사회라고 해야 할까? 대부분의 사람들은 '경제적 성취'를 인생의 목표로 생각하고 살아간다.

이런 현실을 개인의 탓으로만 돌릴 순 없다. 우리의 꿈을 거세한 이 사회와 시대의 문제이기도 하기 때문이다. 그렇지만 내가 안타깝게 생각하는 건, 이런 세태에 저항하려는 '움직임' 자체가 없다시피 하다는 대목이다.

이런 의미에서 《니코마코스 윤리학》은 이 시대에 꼭 읽어야 하는 책이 된다. 우리가 왜 살아가야 하는지, 우리 인생의 목표가 무엇인지를 보여 주고, 그 목표를 위해 나아갈 방법을 알려 주기 때문이다. 읽는다고 해도 그 뜻을 온전히 이해하기는 어렵다. 그렇지만 용기를 내 한 번쯤 읽어 볼 만한 가치가 있는 책이라는 건 확실하다.

우리 솔직해지자. 이 책을 읽는 여러분 중에 삼성 이재용 같은 재벌이 될 사람, 문재인처럼 대통령이 될 사람, 이정후 같은 훌륭한 야구선수가 될 사람이 몇이나 될까? 초장부터 꿈을 꺾는 것 아니냐고? 너무 비관적인 질문 아니냐고? 아니, 냉정하게 현실을 말하는 것이다.

내가 사람들에게 권하는 책 중에 줄리언 반스의 《예감은 틀리지 않는다》란 소설 작품이 있다. 이 책 도입부를 보면, 다음과 같은 대목이 나온다.

"인생에 문학 같은 결말은 없다는 것. 우리는 그것 또한 두려워했다. 우리 부모들을 보라. 그들이 문학의 소재가 된 적이 있었나? 기껏해야 진짜의, 진실된, 중요한 것들의 사회적 배경막의 일부로서 등장하는 구경꾼이나 방관자 정도라면 모르겠다."

노(老)작가만이 가질 수 있는 삶의 통찰이라고 해야 할까? 이 책을 읽는 사람들 중 대부분은 문학적 결말에 비견될 만한 '드라마틱'한 삶을 사는 사람은 거의 없을 것이다. 평생 가야 신문 한 귀퉁이에 이름 한 자 올리지 못하는 삶을 살아

갈 것이다. 우리 부모님의 삶이 그랬고, 우리의 삶이 그럴 것이다. "그렇다면 우리 부모님의 삶은 불행한 걸까? 그리고 우리의 삶도 불행한 걸까?"

삶이 극적이지 않다고, 돈을 많이 벌지 못한다고 우리 삶이 불행하다면, 지금 이 땅에 있는 대부분의 사람들은 불행하다고 할 수 있다. 다시 말하지만, 대통령이나 재벌이 되는 사람은 손에 꼽을 정도이기 때문이다(그렇기 때문에 그 사람들이 주목받는 것이겠지만). 그렇다면 우리는 어떻게 살아야 할까?

이런 질문에 대한 답의 일부를 보여 주는 게 《니코마코스 윤리학》이다. 2400년 전의 '행복'에 대한 고민이 21세기인 지금까지 읽힌다는 건, 아리스토텔레스의 고민과 성찰이 탁월했다는 걸 의미하기도 하지만, 다른 한편으론 그 정도의 시공을 뛰어넘을 정도로 인간은 '행복'에 집착했고, 아직 그 해답에 도달하지 못했음을 의미하기도 한다.

이 풀리지 않는 숙제를 같이 고민하는 기회가 되길 바란다.

— 대전에서

등장인물

펜더 선생

안녕? 난 '펜더'라는 별명이 익숙해. 다양한 매체에 글을 기고하고 강의도 하면서 즐겁게 살고 있어. 자유롭게 상상하기를 좋아하고 무엇보다 예술을 사랑하지. 덩치에 어울리지 않게 수줍음이 많은 편이야. 사람들과 대화하기를 좋아하지만, 뭐든 설명하려고 하는 버릇이 있어 가끔 눈총을 받기도 해. 여러분에게는 꼭 필요한 얘기만 할 테니 잘 들어 줘!

한아름

난 14살 중학생 한아름이라고 해. 호기심이 많아 뭐든 물어보기를 좋아하지. 책 읽기와 영화 보기가 주된 취미야. 하지만 친구들과 분식집에서 떡볶이 먹으며 수다 떠는 걸 더 좋아해. 장래에 뉴스를 진행하는 아나운서가 되는 게 꿈이야. 만나서 반가워!

장필독

한아름과 동갑내기 친구 장필독이야. 운동을 좋아하고 힙합을 특히 좋아하지. 학원 빼먹고 랩을 연습하다가 엄마한테 야단맞을 때도 가끔 있어. 하지만 스포츠 캐스터라는 어엿한 꿈이 있다고! 나중에 너희에게도 멋지게 경기 중계하는 모습을 보여 줄게.

나는 좋은 집안에서 태어나 뭐든 할 수 있었어. 그런데 소크라테스 선생님을 만나 인생의 참된 의미를 찾았지. 사람들은 서양철학이 나로부터 시작됐다고 칭찬하지만 사실 나는 선생님의 가르침을 오롯이 실천했을 뿐이야. 여러분이 살고 있는 대한민국도 이런저런 문제가 많겠지만, 내가 사는 시대 또한 좋은 나라를 만들기 위해서는 고민이 필요했어. 존재론, 인식론, 정치철학, 윤리학 등 다방면의 고민을 담아 《국가》를 쓴 이유가 여기에 있어. 궁극적인 삶을 고민하고 행복한 삶을 누리기 위해 필수적인 사회와 공동체, 그리고 국가에 대한 고민을 담아냈지.

플라톤

나는 소크라테스, 플라톤 선생님과 더불어 3대 철학자의 대미를 장식하지. 내가 금수저 엄친아로 태어났기에 철학에 몰두할 수 있었다고 보는 사람들도 있는데, 틀린 말은 아니야. 그래도 플라톤 선생님 생각에 갇혀 있지 않고 형이상학, 논리학, 수사학, 정치학, 생물학, 물리학, 동물학 등 당대의 모든 '진리'를 추구했으니 그 진정성만큼은 곡해하지 말아줘. 나를 '만학의 아버지'라고 평가하는 건 그냥 나온 소리가 아니라는 얘기야. 물론 내 제자인 알렉산드로스 대왕이 재정을 지원해준 덕분에 연구와 강의에 전념할 수 있었지. 내 생각이 꽤 오랫동안 서양에서 금기시되었다가 십자군 전쟁을 거쳐 유럽에서 재발견된 것은 다행스러운 일이었어. 이제 같이 참된 행복에 관해 이야기 나눠볼까?

아리스토텔레스

차례

2장
아리스토텔레스의 《니코마코스 윤리학》

1장

아리스토텔레스와 세상의 모든 학문

행복이란 무엇인가?

질문을 하나 할게.

"왜 사니?"

태어났으니까 얼떨결에 살아가는 것일 수도 있고, 일찌감치 삶의 목표를 정해 놓고, 그걸 이루기 위해 사는 이들도 있을 거야. 좀 더 구체적으로 질문해 볼까?

"그러니까 사는 이유가 뭐냐고?"

스스로에게 이런 질문을 던져 본 이들이 저마다 이유를 내놓을 거야.

"좋은 직장에 취직해서 돈 많이 버는 거야."
"몸 안 아프고, 좋은 집에서, 가족들이랑 알콩달콩 사는 거지."
"유명 연예인이 돼서 스포트라이트를 받는 것."

제각각 다른 답변이지만, 하나로 묶을 수 있어. 우리가 사는 이유는 단 하나. "행복해지기 위해서"일 테니까. 이 말을 반박할 수 있을까? 우리는 행복해지기 위해서 인생을 사는 거야. 설마 불행해지려고 인생을 사는 사람이 있을까? 사회적으로 인정받는 좋은 대학을 가려는 이유도, 좋은 직장에 취직하려는 이유도, 따지고 보면 행복해지기 위해서가 아닐까? (물론 좋은 대학, 좋은 직장에 들어간다고 해서 삶이 꼭 행복한 건 아니지만 말이야.)

그런데 모두가 바라는 '행복'이란 게 대체 뭘까? 누군가는 돈을 말할 거고, 누군가는 건강을, 혹 다른 이는 가족 간의 화목함을 얘기할 수도 있어. 각자의 가치관에 비춰 가장 '행복하다'고 생각하는 상황을 그릴 거야. 그런데 그게 과연 진짜 행복일까?

'행복'을 고민한 철학자, 아리스토텔레스

2400년 전 이 '행복'에 대해 고민한 철학자가 한 명 있었어. 바로 아리스토텔레스야. 그가 삶에 대해, 그리고 '행복'에 대해 내놓은 결론이 바로 《니코마코스 윤리학》이란 책이야. 사실대로 말할게. 무지막지하게 어려운 책이야. 그가 쓴 '수사학'이나 '형이상학'에 관한 책보다는 상대적으로 수월하다 해도, 역시나 어려워. 아리스토텔레스의 스승인 플라톤의 책들은 담고 있는 내용은 어렵더라도 읽기는 편했어. 대화편이라 해서 서로 대화하면서 이야기를 전개해 나가기 때문에 읽기가 쉬워. 그런데 《니코마코스 윤리학》은 지금으로 치자면, 대학 교수가 대학생들을 가르치기 위해 만든 '강의 노트'와 비슷한 모습이야. 그러니 이걸 읽는다는 건 고문이 따로 없는 상황이지. 인간의 삶과 행복에 대해 이야기하는데, 이렇게 어렵게 말할 필요가 있을까 싶어. 그런데도 2400여 년이 지난 오늘날까지 사람들은 이 책을 찾아서 읽고 공부하고 있어.

《니코마코스 윤리학》을 읽으면 느끼겠지만, 철학자로 분류되는 '종족'은 2000년 전이나 지금이나 똑같은 걸 고민하는 사람들이란 걸 확인할 수 있어. '삶은 무엇인가?', '행복이란 무엇인가?', '어떻게 살아야 하는가?' 이건 현대를 살아가는 우리도 고민하는 지점이잖아? (아마, 영원히 풀리지 않는 문제일 거야.)

요즘 철학자들도 똑같은 걸 고민해. 하긴 사람으로 태어난 이상 답을 찾고 싶은 질문이 아닐까 싶긴 해. 어쨌든 2400여 년 전에 기록된 책을 지금도 읽고,

공부하고, 고민한다는 건 우리에게 시사하는 바가 커.

《니코마코스 윤리학》을 읽어야 하는 이유

그때나 지금이나 사람들의 질문이 비슷하다는 것. 그리고 그 고민의 대답으로 《니코마코스 윤리학》의 효용이 탁월하다는 것. 이 두 가지 사실만으로도 《니코마코스 윤리학》을 읽을 가치는 충분하다고 봐. 아리스토텔레스의 스승인 플라톤이 쓴 《국가》를 소개할 때 이렇게 말했던 기억이 나. (고전으로 만나는 진짜 세상 시리즈 도서 1권을 보면 나와.)

지금부터 2500년의 시간을 뛰어넘어 서양철학의 거인 플라톤의 대표작인 《국가》를 공부해 볼 거야. 철학이 뭔지는 모르겠지만 도대체 플라톤이 어떤 사람이고, 《국가》가 어떤 책이기에 2500년 전에 히트 친 작품이 지금까지도 영향을 주는 건지 궁금하지 않니?

이번에도 비슷한 말을 해야겠네. 지금부터 2400년의 시공간을 뛰어넘어 서양철학의 거인이자 '만학(萬學, 모든 학문)의 아버지'인 아리스토텔레스의 대표작 《니코마코스 윤리학》을 공부해 볼 거야. 내용은 어렵지만, 그 안에는 우리가 어떻게 살아가야 할지에 대한 깊은 통찰이 담겨 있어. 그게 뭔지 궁금하지 않아?

1

만학의 아버지

좀 배웠다 하는 이들은 저마다 아리스토텔레스에 대해 평했어. 누구는 '만학의 아버지'라고 말하고, 어떤 이는 '학문의 체계를 완성한 철학자'라고 말하기도 했지. 그렇지만 이런 화려한 수사도 그를 설명하기에는 조금 부족하다고 생각해. 개인적인 의견이지만, 아리스토텔레스를 평가하는 가장 적확한 '평'이 두 개 있다고 봐.

서양철학사에서 아리스토텔레스의 위상은 어느 정도일까?

"아리스토텔레스는 과학의 창조에 필요했던 반쪽짜리 진리들을 죄다 발견했다."

— 영국 철학자·수학자 앨프리드 노스 화이트헤드

"아리스토텔레스만큼 부당한 대우를 받은 철학자도 없었다."

— 독일 철학자 게오르크 빌헬름 프리드리히 헤겔

두 개의 '평'을 합하면 아리스토텔레스라는 사람의 '실체'

헤겔(Georg Wilhelm Friedrich Hegel)

독일 관념론 철학을 완성한 철학자야. 근대철학을 완성했고, 현대철학을 시작한 인물이기도 하지. '변증법' 하나만으로도 그가 철학계에 끼친 영향은 지대하다 할 수 있어. 솔직히 말하면, 독일 철학은 어렵고 헤겔은 더 어려워. 정신건강을 위해서는 가급적 안 읽는 게 좋지만, 그를 배우지 않으면 근대·현대철학을 시작할 수가 없어. 그게 문제야. 무슨 말인지 잘 모르겠지? 앞으로 계속 같이 공부하다 보면 어느 순간 이해하게 될 거야.

가 드러나. 하나씩 설명해 볼까? 우선 화이트헤드의 말이 왜 나왔는지 설명해 줄게.

"아리스토텔레스는 과학의 창조에 필요했던 반쪽짜리 진리들을 죄다 발견했다." 이게 과연 무슨 의미일까? 간단해. 아리스토텔레스가 지금의 과학문명을 만드는 기초가 됐다는 의미야. 화이트헤드가 한 말이 맞는다면, 지금의 과학자들은 아리스토텔레스가 만든 유산의 기초 위에서 현대문명을 만들어 냈다는 의미가 돼. 너무 과한 칭찬일까?

지난 2500년간 서양철학 전체의 뼈대를 만든 '철학 삼대(三代)'. 바로 소크라테스, 플라톤, 아리스토텔레스. 여기서 주목해 봐야 하는 건 이들의 '역할'이야. 쉽게 말하자면, "소크라테스는 '철학'을 말했고, 플라톤은 그 철학을 '체계화'했고, 아리스토텔레스는 우리가 지금 배우고 익히고 있는 거의 모든 '학문'을 정립했다"라고 말할 수 있어.

플라톤의 《국가》를 설명할 때 잠깐 언급했지만, 소크라테스는 책을 쓴 적이 없어. 그저 아테네에서 청년들을 모아 놓고 길거리에서 철학 강연을 했을 뿐이야. 그런데 제자 중 하나인 플라톤이 소크라테스의 영향을 받아 대화편을 쓰고, 철학을 체계화했지. 그렇다면 플라톤의 제자인 아리스토텔레스는 뭘 했을까? 그는 철학을 학문으로 정립한 정도가 아니라 수많은 '학문'을 만들었어. 농담이나 과장이 아니야. 아리스토텔레스는 철학을 넘어 지금 우리가 익히 알고, 배우고 있는 수많은 학문'들'을 만들어 낸 사람이야.

이해가 잘 안 되지? 그럼 대학교의 전공과목을 떠올려 봐. (잘 모르는 친구들도 있겠지만 괜찮아.) 대학에는 일단 많은 학과가 있잖아? 철학과, 윤리학과, 정치학과, 생물학과, 예술학과, 공학과 등등 수많은 과(科)가 있어. 이 모든 학문의 토대를 닦은 이가 아리스토텔레스라 해도 과언이 아니야. 좀 과장해서 말하자면, 아리스토텔레스가 없었다면 지금 학생들이 기를 쓰고 들어가려고 하는 '대학'이라는 교육기관은 만들어지지 않았을지도 몰라. 너무 과장한 거 아니냐고?

그래? 그럼 아리스토텔레스가 쓴 책의 종류와 양을 한번 살펴볼까?

- **논리학** 《범주론》, 《명제론》, 《분석론 전서》, 《분석론 후

서》, 《변증론》, 《소피스트적 논박》
- **이론철학** 《자연학》, 《형이상학》, 《영혼론》
- **실천철학** 《니코마코스 윤리학》, 《정치학》, 《에우데모스 윤리학》, 《대윤리학》
- **언어학** 《수사학》
- **예술이학** 《시학》
- **생물학** 《동물지》, 《생성소멸론》, 《동물의 부분》, 《동물의 운동》, 《자연학 소논문집》

어때? 제목만 봐도 어마어마하지? 하지만 이건 아리스토텔레스가 쓴 책의 일부일 뿐이야. 후대의 주장에 따르면, 그가 400권의 책을 저술했다는 사람도 있고, 550권을 썼다는 이도 있고, 1000권을 펴냈다는 이도 있어. 400권이든, 1000권이든 일단 막대한 양에 압도되게 돼. 아리스토텔레스가 그저 '양'에 치중해 건성으로 글을 썼다면 그러려니 하고 넘어갈 수 있겠지만, 그가 쓴 책의 '질'은 우리의 상상을 뛰어넘을 정도로 대단해. 다룬 주제만 115가지나 된다고 하니 말 다 했지, 뭐.

인문대학의 대부분 학과에서 처음 공부를 시작할 때 개론서를 펼쳐 보게 되는데, 그 첫머리에 빠지지 않고 언급되는 사람이 바로 아리스토텔레스야. 인문계통(인간의 사상과 문화를 탐구하는 학문, 쉽게 말하자면 조선시대 '선비'를 떠올리면 돼)뿐만 아니라 이공계통(자연과학을 탐구하는 학문, 쉽게 말하자면 과학자를 떠올리면 돼)의 많은 분야에도 영향을 끼쳤어. 여기서 주목해 봐야 할 건 특정 학문에 영향을 끼친 것도 있지만 연구의 패러다임을 바꿔 놓았다는 사실이야.

아리스토텔레스 이전만 하더라도 사상가들은 소위 '이데아'로 대표되는 관념적 주장(한마디로 말해서 '머릿속 망상')을 했

패러다임(paradigm)

사람들의 생각을 규정하고 있는 인식의 체계 혹은 세상을 보는 방식을 포괄적으로 일컫는 말이야. 옛날엔 지구가 평평하다고 생각하는 사람들이 있었잖아? 또 태양이 지구를 돌고 있다고(천동설) 믿은 시절이 있었지. 이런 낡은 패러다임에 갇혀 있으면 지구가 둥글다거나 지구가 태양을 돈다(지동설)는 새로운 발견을 받아들이기가 어려워. 이런 이유로 토머스 새뮤얼 쿤이라는 학자는 《과학혁명의 구조》라는 책에서 과학이 점진적인 발전이 아닌 패러다임의 전환에 의해 발전한다고 주장했어. 어려운 책이지만 관심이 있다면 나중에 꼭 읽어 보길 추천해.

프톨레마이오스가 생각한 우주

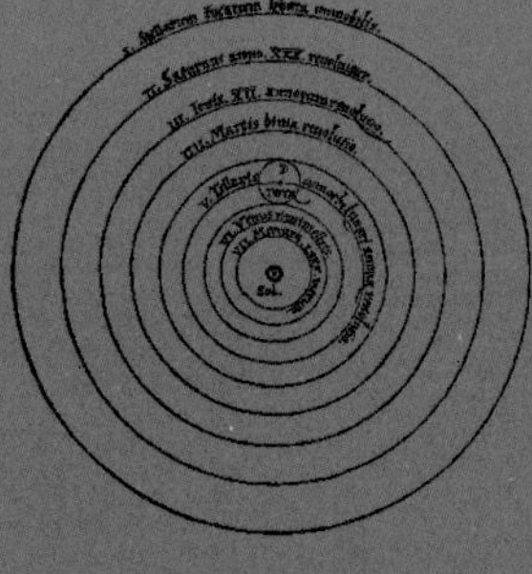

코페르니쿠스가 생각한 우주

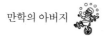

어. 그런데 아리스토텔레스는 현실적인 연구와 관찰을 통해 자연의 작동원리와 그렇게 될 수밖에 없는 '원인'을 찾아 나섰어. 우리가 잘 알고 있는 '삼단논법'도 아리스토텔레스가 만든 거야. 이 삼단논법 하나만으로도 학문은 대전환의 계기를 맞게 돼.

아리스토텔레스의 삼단논법

- **대전제** 모든 사람은 죽는다.
- **소전제** 소크라테스는 사람이다.
- **결 론** 따라서 소크라테스는 죽는다.

'논리'의 탄생이지. 지금은 너무나 당연한 이야기지만, 아리스토텔레스 이전에는 없었어. 이건 정말 중요한데, 아리스토텔레스 덕분에 학문을 할 수 있는 기초 토대가 완성된 거야. 그리 어렵지 않지? 좀 더 명확하게 말하자면, 아리스토텔레스 이전에는 사물의 존재 이유나 작동 원리를 신이나 이데아와 같은 허상에서 답을 구하려 한 반면 아리스토텔레스는 자연에서 그 원인을 찾으려 했어.

이 대목에서 주목해 봐야 하는 게 철학자 탈레스야.

"만물의 근원은 물이다."

이 말로 유명한 이 철학자는 그리스 일곱 현인 중 한 사람이야. 아리스토텔레스는 탈레스를 "철학의 아버지"라고 평했어. 왜 그랬던 걸까? 그때까지 자연현상의 원인을 '신'에게서 찾던 사람들의 시선을 자연으로 돌리게 했기 때문이야. 아리스토텔레스는 이런 탈레스의 공(功)을 높이 평가했고, 여기서 한 발 더 나아갔지. 탈레스가 '선언적' 의미의 역할을 했다면, 아리스토텔레스는 관찰과 연구로 '세계'를 탐구한 거야. 그가 남긴 책을 보면, '세계'의 모든 걸 연구했다고 봐도 과언이 아냐.

'만학의 아버지', 아리스토텔레스

아리스토텔레스를 '만학의 아버지'라 부르는 이유를 이제 알겠어? 그렇다면 헤겔이 말한 "아리스토텔레스만큼 부당한 대우를 받은 철학자도 없었다"라는 말은 왜 나온 걸까? 모든 학문의 아버지이며, 지금도 서양철학을 대표하는 철학자로 칭송받는 그가 어떤 부당한 대우를 받았다는 걸까? 그가 살아 있을 때 소크라테스같이 핍박이라도 받은 걸까?

아리스토텔레스의 삶은 뒤에서 자세히 설명하겠지만, 말년의 얼마간을 빼면 행복한 삶, 아니, 더 바랄게 없을 정도의 '완벽한 인생'이었어. 그러니까 헤겔이 말한 '부당한 대우'란 그의 생전에 있었던 일이 아니라 그가 죽은 뒤 그의 학문에 대한 평가를 의미하는 것이 되는 셈이지.

혹시 《장미의 이름》이란 소설을 들어 봤어? 당연히 모르겠지. 이것도 나름 어려운 책이거든. 음, 어려운 책이라기보

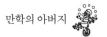

움베르토 에코(Umberto Eco)

이탈리아의 기호학자이자 작가야. 또한 언어학자, 철학자, 미학자이기도 해. 한마디로 20세기가 낳은 최고의 천재 중 한 명이라고 보면 돼. 움베르토 에코 하면 엄청난 양의 '독서'로 유명해. 자신이 쓴 책 대부분을 자기가 읽은 저작물에 나오는 문장과 단어들을 재구성해 썼다고 말할 정도였으니까. 이처럼 지식과 암기력에 관한 한 타의 추종을 불허했어.

움베르토 에코가 쓴 소설《장미의 이름》

다는 '지적인' 책이라고 해야 할까? 20세기를 빛낸 최고의 지성 중 한 명인 움베르토 에코가 1980년에 쓴 소설인데, 전 세계적으로 3000만 부 이상 팔려 나간 베스트셀러 중의 베스트셀러야. 책 읽기가 귀찮다면, 영화로 보는 것도 나쁘지 않아. 아, 그런데 영화 〈장미의 이름〉은 청소년 관람불가 등급이야. 그러니까 책을 읽어!

아는 만큼 보인다는 말이 있잖아. 《장미의 이름》은 기호학과 역사학, 철학, 중세 신학이 잘 버무려진 그야말로 명작

기호학(記號學)

사람들이 사용하는 '기호'의 기능이나 법칙, 관계를 분석하는 학문이야. '기호'란 어떤 '뜻'을 나타내기 위해 쓰이는 상징물이라고 정의할 수 있어. 거칠게 설명하자면, 우리가 쓰는 한글, 태극기 같은 깃발, 회사의 상표 등이 어떻게 만들어졌고, 어떤 의미로 쓰이고, 어떤 형태로 변화했는지를 연구하는 학문이라고 생각하면 돼.

이야. (학생들이 읽기에는 좀 어렵단 의미겠지?)

우리가 주목해서 봐야 하는 건 수도원에서 발생한 연쇄 살인의 '원인'이야. 소설의 얼개가 7일간 수도원에서 벌어진 연쇄살인범을 쫓는 구조로 되어 있거든. 이해를 돕기 위해 간략하게 줄거리를 소개할게.

《장미의 이름》은 프란치스코 수도회 수도사인 윌리엄과 그의 제자 아드소가 수도원을 방문하면서 이야기가 시작돼.

이들의 방문 목적은 당시 청빈(淸貧, 가난하게 사는 것)을 주장하는 프란치스코 수도회가 교황청과 다른 교단들에게 이단으로 지목됐기에 이를 해결하는 토론을 하기 위해서야. 그런데 수도원에 도착하자마자 '엉뚱한' 일을 의뢰받게 돼. 그림을 그리던 수사 아델모가 죽은 사건을 해결해 달라는 부탁이었지. 그런데 사건을 수사하는 과정에서 수도사들이 계속해서 죽어 나가는 문제가 발생해. 수도사들의 살인사건을 추적한 결과 이 모든 사건의 중심에 비밀 장서관(도서관)이 있다는 결론에 다다르게 돼.

자, 이때 등장하는 인물이 바로 아리스토텔레스야. 프란치스코 수도원에서 일어난 살인사건은《시학》제2권을 지키기 위한 계략이었어. 결론부터 말하자면, 현재까지《시학》제2권이란 책은 발견되지 않았어. 움베르토 에코가 상상으로 만들어 낸 '가상의 책'이라고 볼 수도 있겠지만, 많은 학자들이《시학》제2권이 있을 거라고 추정하고 있어.

《시학》은 "서사시와 희극에 관해서는 나중에 말해 보도록 하고, 지금은 비극에 관해서 논의해 보자"라는 도입부로 시작해. 아리스토텔레스는 책머리에 자신이 말하고자 하는 바를 정리하거나 정의내린 뒤에 글을 시작해. 그러니까《시학》제1권은 (제2권이 있다는 전제하에서) 비극에 관해 썼어. 우리가 잘 아는 카타르시스란 단어가 이때 등장하지. 아리스토텔레스가 만든 용어야.

《시학(詩學)》

아리스토텔레스의 또 다른 명작이야. 책이 얇아서 쉽게 읽을 수 있다고 생각한다면 심각한 오산이야. 아리스토텔레스의 책답게 어려워. 이 책은 거칠게 말하자면, '아리스토텔레스가 시(詩)에 관해 적은 책'이라고 보면 돼. 비극이 어떻게 만들어지고, 관객이 어떤 식으로 비극을 받아들이는지에 대해 잘 설명했어. 지금 우리가 사용하는 '카타르시스(정화)'나, '미메시스(모방)' 등등의 개념을 확인할 수 있는 책이기도 하지.

카타르시스(catharsis)

사전적 정의로 보자면, 마음속에 쌓여 있던 불안, 우울, 긴장 등의 응어리진 감정이 풀리고 마음이 정화되는 걸 의미해. 억울한 게 풀리면 눈물이 쏟아지고 마음속이 상쾌해지는 느낌이 들잖아? 그 느낌을 말하는 거야.

어쨌든 희극에 관해서는 나중에 말하겠다고 했으니 2권을 쓰겠다는 의지를 보였다고 할 수 있는 셈이지. 게다가 그의 또 다른 저서 《수사학》을 보면, "우스꽝스러운 것들에 관해선 따로 《시학》에 정의해 놓았다"라고 나와 있어. 여기에 결정적인 증언이 더해져.

고대 그리스의 철학 인명사전이라고 말할 수 있는 《유명한 철학자들의 생애와 사상》이란 책을 쓴 디오게네스 라에르티오스가 《시학》 2권이 있다고 말했어. 이걸 배경으로 움베르토 에코는 《시학》 2권이란 책을 현실로 끄집어내 이야기를 만든 거야.

디오게네스 라에르티오스

고대 그리스의 전기 작가야. 쉽게 말하자면, 위인전을 쓰던 사람이라고 보면 돼. 그에 대한 기록은 남아 있는 게 거의 없는데, 그가 쓴 《유명한 철학자들의 생애와 사상》 란 책이 유일하게 전해지고 있지. 이 책 덕분에 고대 그리스 철학자들의 삶을 들여다볼 수 있게 됐고, 그 덕분에 이렇게 아리스토텔레스에 관한 이야기를 들을 수 있게 됐다는 사실을 잊지 말아야 해.

《장미의 이름》에서 도서관 사서 호르헤가 수도사들을 연이어 독살한 이유는 '웃음'을 지키기 위해서야. 경건하고 엄숙한 삶을 살아야 하는 수도사들이 웃는다고? 엄격한 수도사였던 호르헤는 웃음이 사람을 경박하게 만든다며, 《시학》 2권을 읽어선 안 된다고 생각한 거야. 그렇기에 이걸 읽은 수도사들을 모두 죽인 거지. 그러고는 그의 소원대로 《시학》 2권은 마지막 순간 불타버리지.

장황하게 《장미의 이름》을 얘기한 건 여기서 등장하는 가상의 책(?) 《시학》 2권의 운명이 아리스토텔레스가 죽은 뒤 그가 남긴 학문이 겪어야 했던 '풍파'를 대변하고 있기 때문이야. 무슨 말인지 이해했어?

좀 더 쉽게 설명해 볼게. 《명탐정 코난》이라는 만화책이 있지? 지금까지 100권 이상 출간됐고, 애니메이션으로도 만들어진 명작이야. 움베르토 에코가 쓴 《장미의 이름》은 《명탐정 코난》의 구조랑 비슷하다고 생각하면 돼. 코난이 등장하니까 '사건'이 발생해. 사람이 죽는데(작품 하나당 기본 1명 이상 죽지. 도대체 지금까지 몇 명이나 죽은 거야?), 이번엔 연쇄살인이야. 코난이 사건을 해결하기 위해 쫓아가 보니 어떤 '책'이 나와. 수천 년 전에 쓰인 책인데, 공개되면 범죄조직이 대혼란에 빠질 정도로 중요한 비밀이 담겨 있어. 그 비밀을 막기 위해 악의 무리는 책의 비밀을 아는 사람들을 유인해 차례차례 죽인 거야. 어때? 여기까지는 알아들었겠지?

움베르토 에코가 《장미의 이름》을 통해서 말한 《시학》 2권은 실재할 수도 있지만, 아예 만들어지지 않았을 수도 있어. 이건 각자가 판단할 문제야. 움베르토 에코는 이 책이 실제로 존재했다는 가정하에서 작품을 쓴 거야.

앞에서 말했지만, 중세 수도원은 엄격한 분위기 탓에 '웃음'을 죄악시했어. 이런 상황 자체가 아리스토텔레스에 대한 '평가'를 말한다는 거지. 플라톤의 제자이고, 스승과 어깨를 나란히 할 만한 학문적 성과를 거둔 인물이지만, 그의 책은 읽어서는 안 되는 책으로 규정되고 심지어 불태워지기도 하는 상황이 벌어져. 이런 전개가 아리스토텔레스에 대한 서구의 평가를 은유적으로 표현하고 있다는 얘기지. 물론 이건 내 개인적인 판단이야.

2

재평가되는 아리스토텔레스

만학의 아버지이고, 모든 학문의 기초를 닦은 아리스토텔레스. 그러나 그의 학문이 제대로 된 평가를 받기 위해서는 시간이 필요했어. 그의 스승인 플라톤은 2500여 년간 한결같이 서양철학사의 중심에 서 있었지만, 아리스토텔레스는 그렇지 않았어. 그가 죽고 나서 그의 학문은 거의 300년 동안 완전히 '무시'됐어. 그러다가 기원전 86년 아테네를 함락한 술라가 아펠리콘이 소장하고 있던 책들을 로마로 가져 오게 돼. 이 책들은 당시 유명한 문법학자였던 튀란니온에게 맡겨졌다가 최종적으로 로도스의 안드로니코스에게 건네져. 당시 안드로니코스는 곰팡이와 벌레에 의해 훼손된 책들을 오랜 작업을 통해 정리한 후 전집으로 내놓게 돼. 극적으로 재탄생한 거지. 안드로니코스의 편집본이 없었다면, 우리는 어쩌면 아리스토텔레스의 책을 보지 못했을 수도 있었어. 학자들은 이를 두고 '아리스토텔레스의 재발견'이라고들 말해.

아리스토텔레스의 재발견

이렇게 힘들게 '재발견'했으면, 연구하고, 발전시켜야 할

술라(Sulla)

그의 이름은 루키우스 코르넬리우스 술라 펠릭스(Lucius Cornelius Sulla Felix)야. 서양사나 로마사를 공부할 때면 빠지지 않고 배우게 되는 인물이지. 로마시대의 군인이자 정치가였는데, 모략에 능하고 군사적 재능이 엄청났어. 군대를 이끌고 두 번이나 로마에 진격해 독재관이 돼. 그의 성격이 어떠했는지는 묘비명에 적혀 있는 글로 대신할 수 있어. "동지에게는 술라보다 더 좋은 일을 한 사람이 없고, 적에게는 술라보다 더 나쁜 일을 한 사람도 없다." 어때? 어떤 사람인지 느낌이 확 오지?

아펠리콘(Apellicon)

현대인들에게 아리스토텔레스의 철학을 접할 기회를 만들어 준 고마운 분이야. 그는 철학자라기보다는 애서가(愛書家)라고 보는 편이 맞을 거야. 아리스토텔레스의 책들을 큰돈을 주고 사들인 다음 벌레 먹거나 상한 책들의 사본을 만들었어. 한 가지 안타까운 점은 애초 원본 상태가 그리 좋은 편이 아니어서 잘못 베낀 경우가 많았다는 거야. 이 때문에 후대의 학자들이 골머리를 썩여야 했어. 그래도 이렇게 정리해 준 게 어디야? 아리스토텔레스의 철학을 공부하는 이들이라면, 이 사람한테 빚을 졌다고 해도 과언이 아니지.

튀란니온(Tyranniōn)

거칠게 표현하자면, 아리스토텔레스의 '광팬'이고, 좋게 표현하자면 '추종자'야. 술라가 아펠리콘이 소장하고 있던 책들을 통째로 로마로 가져오자 아리스토텔레스의 추종자였던 튀란니온이 이걸 체계적으로 관리했어. 로마로 온 아리스토텔레스의 책들은 필사 과정을 거치면서 교정됐지.

안드로니코스(Andronikos)

아리스토텔레스가 설립한 리케이온의 11번째 원장이야. '아리스토텔레스 학교의 11번째 교장' 정도라고 이해하면 될 거야. 이 사람의 역할이 정말 중요한데, 그때까지 모인 아리스토텔레스의 원고를 주제별로 분류하고 정리했기 때문이야. 오늘날 우리가 알고 있는 아리스토텔레스 전집의 기초를 닦았다는 의미야. 아리스토텔레스가 남긴 원고는 리케이온 학생들을 위한 강의자료 성격이었기에 주제나 내용을 하나로 묶기가 애매했어. 이런 자료를 책 형태로 나누고 정리한 사람이 있었다는 건, 후대에 아리스토텔레스를 공부하고 연구하는 이들로서는 '축복'이라 할 수 있지.

거 아냐? 그런데 아리스토텔레스는 또다시 잊히게 돼. 그러다 13세기가 되어 영국의 옥스퍼드 대학이나 프랑스의 파리 대학에서 '반짝 인기'를 끌었지만, 또다시 배척받았어. 안드로니코스의 편집본이 나오고 난 뒤 무려 1000년 동안이나 무시되었다가 잠깐 빛을 볼 뻔하다가 다시 쫓겨난 거지. 그럼 그 시간 동안 아리스토텔레스의 학문은 어떻게 이어졌을까? 그 비밀은 바로 이슬람이야.

아리스토텔레스의 철학은 이슬람 세계로 넘어가 이슬람 학자들에 의해 오랫동안 전승됐어. 이렇게 명맥을 이어오다 십자군 전쟁을 거치면서 다시 유럽으로 역수입돼. 여기서 한 가지 의문이 들지 않아? 플라톤은 2500년간 한결같은 사랑을 받았는데, 왜 그의 제자인 아리스토텔레스는 찬밥 신세였을까?

여기엔 '기독교'라는 종교 문제가 걸려 있어. 어려운 이야기지만, 최대한 쉽게 이야기해 볼게. 지금도 그렇지만, 과거 서구 세계에서 최고의 종교가 뭐였을까? 그래, 맞아. 바로 기독교야. 중세 시대에 기독교는 종교의 영역을 넘어 그야말로 일상의 '기준'이 됐어. 사회적으로 보자면, 오늘날의 헌법을 뛰어넘는 권위를 가진 거야. 한마디로 얘기하자면, 삶의 모든 영역 그리고 죽음의 영역에까지 영향을 끼쳤지(천국을 가고 싶으니까 말이야).

신플라톤주의의 등장

이처럼 막강한 영향력을 발휘하던 기독교를 무시할 수 있을까? 어렵겠지. 바로 이때 등장한 게 신플라톤주의야. 예수가 죽은 뒤 3~6세기 사이 이집트 알렉산드리아를 중심으로 플라톤 철학을 계승한 철학자들이 내놓은 철학적 입장인데, 이들은 기독교와 플라톤을 섞으려(?) 했어.

헬레니즘과 헤브라이즘

뭔가 어려워지려고 하지? 신플라톤주의가 나오게 된 배경을 잠시 소개할게. 서양 문화와 역사를 관통하는 두 가지 큰 흐름이 있어. 이게 오늘날 서양 문화권의 핵심이라고 할 수 있지. 바로 헬레니즘(Hellenism)과 헤브라이즘(Hebraism)이야. 이 두 개의 'H'가 서양 문화의 뼈대라고 보면 돼. 헬레니즘은 거칠게 표현하자면, 고대 그리스의 사상을 말하는 거고, 헤브라이즘은 기독교로 대표되는 '유일 인격신', 즉 교회에서 말하는 '하나님'과 관계된 거야. 이 때문에 혹자는 서양 문화가 아테네와 예루살렘에서 태어났다고 말하기도 해.

서양 문화권에 지대한 영향을 끼친 예수가 떠난 직후인 1세기 무렵부터 당시 철학자와 기독교 신자들은 서로를 어떻게 대해야 할지 고민하게 되는데, 이들은 서로에게 영향을 줬다고 봐. 특히나 기독교 신학계에 영향을 준 게 바로 신플라톤주의야. 신플라톤주의는 알렉산드리아를 중심으로 플라톤의 생각을 계승한 철학자들의 철학적 입장을 말하는데, 그 시작은 암모니우스 사카스(Ammonius Saccas)로 볼 수 있지만, 실질적으로 그의 수제자였던 플로티누스(Plotinus)로부터 시작됐다고 할 수 있어. 복잡하고 어렵게 보이지만, 신플라톤주의를 한마디로 말하자면 플라톤 철학의 '해설'이라 볼 수 있어. 플라톤 철학을 나름대로 해석하고, 정리했다고 보면 돼. 시간이 흐르고, 환경이 바뀌고, 연구하는 사람들이 늘어나다 보면 자연스레 의견이 갈라지고 해석이 달라질 수 있잖아? '신플라톤주의'라는 이름만 봐도 기존의 플라톤 철학과는 뭔가 다르겠다는 느낌이 들지? 맞아. 플라톤 철학을 해석하다 보니 애초의 뿌리였던 플라톤 철학에 묶기에는 차이가 생겼다는 얘기야. 거칠게 설명하자면, 철학에 종교적 색채를 가미했다고 볼 수 있어.

플라톤의 《국가》를 읽은 사람이면 알 거야. 플라톤은 현실 세계보다 영적 세계, 즉 이상향에 집착했어. 머릿속 망상이라 불러도 할 말이 없는 '이데아'에 집착한 거야. 기독교가 말하는 게 뭐야? 유일신인 하나님이 세상을 창조했다는 거 아냐? 둘이 뭔가 비슷하다는 느낌이 들지 않아?

기독교계에서 엄청나게 영향력이 있는 종교학자인 아우구스티누스도 신플라톤주의의 영향을 어느 정도 받았어. 그는 곧잘 신플라톤주의로 기독교 교리를 해석하곤 했지.

어때? 딱 보면 답이 보이지? 당대 최고의 종교이자 서구 사람들의 삶의 기준이 된 기독교와 함께했기에 플라톤은 인정받을 수 있었던 거야(기독교와 결부되지 않았더라도 그가 위대한 철학자인 건 분명하지만). 이 맥락을 이해하면 플라톤의 제자인 아리스토텔레스가 왜 오랫동안 서양철학사에서 찬밥 신세를 면하지 못했는지를 자연스럽게 알 수 있어.

우선 그는 제자인 주제에(?) 플라톤을 비판했어. 좋게 보

아우구스티누스(Augustine)

4세기 때의 신학자이자 철학자야. 젊은 시절 방탕한 생활을 한 걸로도 유명한데, 조금 '뻥'을 치자면 이 사람이 없었다면 오늘날의 가톨릭이나 개신교는 없었다고 봐도 돼. 기독교의 주요한 교리를 정립한 인물이니까 말이야. 그는 특히 '원죄' 개념을 정립하는 데 크게 공헌했지. 원죄 개념이 정립되기 전에는 사람들은 죄를 외부적 요인에서 찾는 경향이 강했는데, 아우구스티누스 이후로는 인간의 죄를 인간 개개인의 내면에서 찾게 되는 상황이 됐어.

면 '청출어람(青出於藍)'이라고 할 수 있지만, 아리스토텔레스는 플라톤이 침이 튀도록 주장한 '이데아'를 비판해. 물론, 아리스토텔레스는 플라톤이 왜 이데아를 주장했는지에 대한 배경을 추론하기도 해. 스승에 대한 예의였을까? 아니, 이건 학자로서 당연한 수순을 밟은 것이라고 할 수 있을 거야. 뭘 비판하려면, 우선 그걸 제대로 알아야 하잖아.

플라톤과 생각이 달랐던 아리스토텔레스

그런 과정을 거친 결과 아리스토텔레스는 플라톤이 현실 사회를 변화시킬 수 없다고 생각하고, 모든 걸 체념하고 이상 세계에서 해결책을 찾았다고 생각했어. 플라톤의 인생을 생각한다면, 이해할 수 있는 대목이지. 그렇지만, 이해와 납득은 다르잖아? 아리스토텔레스는 스승인 플라톤의 세계를 받아들일 수 없었던 거야.

우리가 읽으려고 하는 《니코마코스 윤리학》에 나와 있는 내용을 봐도 그래. 아리스토텔

No!
행복해지려면 능력을 갈고닦아야 해.
주여! 우리 죄를 사하여 주옵소서.

레스는 다른 동식물과 달리 인간에게는 '이성'이라는 고유 능력이 있다고 생각했어. 그리고 이 이성과 인간 고유의 기능을 행복과 연결해. 조금 더 설명하자면, 아리스토텔레스는 뜬구름 같은 이데아 대신 눈앞에 있는 인간과 인간이 살아가는 현실 세계에 집중했어. 그 결과 인생에서 가장 좋은 것이자 궁극적인 목적이 바로 '행복'이라는 결론을 내려. 그러고는 이 행복을 위해 인간 고유의 능력을 갈고닦아야 한다고 주장한 거야.

어때? 지극히 합리적이고 당연한 이야기 아냐? 그런데 중세 유럽의 기독교도들에게는 이런 생각이 어떻게 보였을까? "너희는 죄를 지었어. 신을 믿고, 신에게 의지하고, 참회해야지만 천국에 갈 수 있어!" 이렇게 말하는 기독교에 대해 난데없이 등장한 아리스토텔레스가 "인간은 행복해지려고 태어났어. 행복해지려면 인간만의 고유한 능력을 갈고닦아야 해"라고 말하는 상황을 상상해 봐.

어떻게 보일까? 그래 맞아. 마음에 들지 않았을 거야. 그렇다고 기독교가 아리스토텔레스를 무조건 배척한 건 아니었어. 스콜라 학파의 대부이자, 신학자인 토마스 아퀴나스 같은 이는 아리스토텔레스의 철학과 신학의 절충점을 찾기 위해 노력했지. 하지만 이런 노력도 얼마 가지 않아 무색해져. 오늘날 가톨릭과 개신교가 갈라지는 데 결정적 계기가

14세기 학교의 모습

스콜라 철학(Scholasticism)

거슬러 올라가면 신플라톤주의까지 닿아 있어. 한마디로 말하자면, 기독교 신학 중심의 철학이라고 볼 수 있지. 중세 가톨릭 성당이나 수도원에는 스콜라(SCHŎLA, 우리가 알고 있는 '학교(school)'의 어원이야)라는 교육, 학문 기관이 있었는데 여기서 가르치던 학문이라고 보면 돼. 스콜라 철학이 재미있는 건 아리스토텔레스 철학과 대결하면서 커졌다는 대목이야. 아주 쉽게 설명하자면, 중세 유럽 사람들에게 아리스토텔레스는 '충격과 공포'로 다가왔어. 십자군 전쟁으로 박 터지게 싸운 이슬람 사람들은 아리스토텔레스의 철학을 받아들여서 체계화된 신학을 가지고 있었거든. 반면 당시 기독교 신학은 뭔가 미적지근했어. '믿음'이 중요하긴 해도 신을 따른다는 생각을 체계적으로 설명해 줄 수 있어야 하지 않을까? 바로 여기에서 스콜라 철학을 대변해 주는 말이 등장하게 돼. "철학은 신학의 시녀다." 이건 기독교 중심의 중세 유럽에서는 신학이 철학보다 우월하다는 의미로 해석돼. 철학을 어떻게 받아들여야 할까라는 신학자들의 고민의 산물인 셈이야. 여기서 말하는 '철학'은 단연 아리스토텔레스의 사상이었어.

토마스 아퀴나스(Thomas Aquinas)

중세 신학자이자 스콜라 철학자야. 아리스토텔레스를 받아들여 스콜라 철학을 완성시킨, 기독교 철학의 대부라고 말할 수 있어. 앞서 설명한 아우구스티누스와 함께 기독교 철학의 양대 산맥이라 할 수 있지.

마르틴 루터(Martin Luther)

서양사를 공부할 때 빠지지 않는 인물이야. 이 사람 때문에 똑같은 신을 믿는 종교가 가톨릭과 개신교로 갈라지게 돼. 마르틴 루터는 역사적으로는 '종교개혁가'란 이름으로 유명해. 부패한 중세 로마 가톨릭 교회가 면죄부(이걸 사면 죄가 없어지고, 천국에 갈 수 있다며 사람들을 속였어)를 파는 행위를 참다못해 돈으로 구원을 살 수 없다고 말하면서 싸우게 돼.

아리스토텔레스를 배척한 마르틴 루터

된 남자, 종교개혁가 마르틴 루터가 아리스토텔레스를 이렇게 비난했기 때문이야.

"아리스토텔레스의 자연학, 형이상학, 영혼론을 아예 없애 버려야 한다. 그뿐 아니라 자연의 사물을 다루는 서적 역시 모두 없애야 한다."

그런데 재미난 사실은 마르틴 루터가 처음으로 강단에 섰을 때 들고 간 책이 《니코마코스 윤리학》이었어. 그는 아리스토텔레스의 여러 책 중 《논리학》, 《수사학》, 《시학》 등등의 책에 대해서는 긍정적인 평가를 내렸지만(실제로 청년들에게 아리스토텔레스의 책을 추천했어. 물론 '요약본'으로 말이야), 아리스토텔레스의 사상이 **'기독교의 신'**을 부정한다는 판단이 서자 바로 이단으로 몰아간 거야. 아리스토텔레스의 '학문적인 성과'는 취하겠지만, 위험한 사상은 제거해야 한다는 논리였지.

자, 이쯤 되면 아리스토텔레스가 스승인 플라톤에 비해 저평가된 이유를 알 수 있겠지? 그렇지만 서양철학사가 소크라테스, 플라톤, 아리스토텔레스 세 명에 의해 좌지우지됐다는 사실은 변하지 않아. 한때(?) 아리스토텔레스가 저평가되긴 했지만, 훗날 사람들은 아리스토텔레스의 위대함을 알게 됐어. 그 때문에 지금까지 그에 대한 연구가 계속되고 평가가 이어지고 있지. 자, 그럼 이제부터 아리스토텔레스의 인생에 대해 이야기해 볼까?

3

금수저로 태어난 아리스토텔레스

아리스토텔레스의 인생을 이야기할 때마다 이런 말을 하게 돼.

"역시 위대한 철학자가 되기 위해선 집안이 좀 살아야 하는구나."

꼭 집안이 부유해야지만 철학을 할 수 있는 건 아냐. 그러나 우리 기억 속에서 스쳐 지나가는 위대한 철학자들의 면면을 보면, 대부분 잘살았어. 물론 이에 대해서는 반론이 있을 수 있어.

"알렉산드로스 대왕이 소원이 있으면 말하라고 했는데, 햇빛을 가리지 말고 비켜 달라고 말한 철학자도 있잖아요!"

그래 맞아. 디오게네스의 일화인데, 이 사람도 소크라테

알렉산드로스(Alexandros)

마케도니아의 왕이야. 20살에 왕위에 오른 다음 페르시아, 이집트를 격파하고 인도까지 치고 들어간 정복왕으로 그리스 역사상 가장 넓은 영토를 개척한 인물이었어. 4만여 명의 병력으로 25만의 페르시아군을 격파한(사료에 따라 병력은 조금씩 차이가 나긴 해) 가우가멜라 전투는 전쟁사에 길이 남는 명장면이야. 태어나 보니 왕의 아들인데다 잘생기고 재능이 뛰어날 뿐만 아니라 교육도 잘 받아 부족할 것 없는 삶을 살았지만, 그런 그에게 딱 한 가지 부족한 게 있었어. 바로 '수명'이야. 알렉산드로스는 33년의 불꽃같은 인생을 살다가 떠났거든. 그가 죽기 직전 휘하에 있던 장군들이 후계자가 누구인지를 물었을 때 이렇게 대답했대. "가장 강한 자." 이 부분은 사실 명확하진 않지만, 워낙 극적인 모습이라서 그런지 사람들에게 회자되곤 해. 알렉산드로스의 죽음으로 제국은 찢어지게 됐지만, 그가 남긴 족적은 엄청났어. 알렉산드로스의 정복전쟁 덕분에 동서양의 교류가 폭발적으로 늘어나게 됐고, 그리스의 헬레니즘 문화가 퍼지게 된 계기가 됐으니까.

스의 제자야(플라톤과는 앙숙이었어). 디오게네스는 쓸데없는 욕심을 버리고 자연에 적합한 것만 취하면 인간이 행복하게 살 수 있다고 생각한 사람이야. 디오게네스는 인간의 자연스러운 욕구는 부끄러운 것도, 숨겨야 할 일도 아니라고 믿었어. 한번 생각해 봐. 인간의 자연스러운 욕구에는 어떤 것이 있을까? 쉽게 떠오르는 인간의 3대 욕구인 식욕, 수면욕, 성욕이 있지.

잘 생각해 봐. 우리가 이런 욕구를 어떻게 처리하고 있는지. 졸리면 자고, 배고프면 먹게 되잖아? 자는 것과 먹는 건 지극히 자연스러운 일이야. 그러니까 사람들 앞에 드러난다고 해서 부끄러워할 일은 아니야(수업 시간에 쿨쿨 자는 건 문제가 좀 있지만). 그런데 성욕은 어떨까? 이성과 사랑을 나누거나 성욕을 처리하는 경우 대부분의 사람들은 이 '행위' 자체를 은밀하게 해. 남이 보이지 않는 곳, 남의 시선이 닿지 않는 곳에서 하지. 그런데 디오게네스는 달랐어. 앞에서 말했잖아. 인간의 자연스러운 욕구는 부끄러운 게 아니라고 말했다고. 실제로 디오게네스는 자신의 생각을 몸소 실천했어. 사람들이 오가는 시장바닥 한가운데서 자위행위를 한 거야. 요즘 세상에 이랬다간 변태로 몰리는 건 당연하고, 공연음란죄(公然淫亂罪)로 경찰에 잡혀가게 되잖아. 어때? 디오게네스란 사람, 진짜 괴짜지?

인간의 욕구를 인정하며 자유를 추구한 디오게네스

"그는 미친 소크라테스다".

플라톤이 디오게네스를 평한 말이야. 디오게네스를 가장 정확히 표현한 말이라고도 할 수 있는데, 필독이의 얘기처럼 우리에게는 알렉산드로스 대왕과의 일화로 더 잘 알려진 인물이지. 알렉산드로스 대왕이 디오게네스를 찾아온 일이 있었는데, 그때 디오게네스는 일광욕을 즐기던 중이었어. 디오게네스 앞에 서서 알렉산드로스 대왕이 이렇게 묻지.

"소원이 있으면 말하라."

이때 디오게네스가 한 대답이 가관이야.

“햇빛이나 가리지 말고 비켜 주시오.”

서양철학사에서 디오게네스를 견유주의(犬儒主義)의 스승으로 지목해. 개 견(犬) 자에 선비 유(儒) 자를 쓴 건데, 거칠게 풀어 보자면 ‘개 같은 선비’ 정도가 될 거야. 실제로 디오게네스는 스스로를 개로 비유하곤 했어. 뭔가를 주는 자에게는 꼬리를 치며 반기고, 아무것도 주지 않는 자에게는 시끄럽게 짖어 대고, 나쁜 짓을 하는 자는 물어버리기 때문이지.

내 개인적인 의견이지만, 근현대의 철학자들은 디오게네스를 본받아야 한다고 생각해. 특히 독일 관념론 철학자들이나 프랑스 실존주의 철학자들은 반성해야 해. 괜히 어려운 말만 쓰고, 별 내용 없이 수사만 가득한 글을 쓰는 것보다 훨씬 낫지. (프랑스 철학책을 보면 쓸데없는 수사로 가득 차 있어. 알맹이가 별로 없는 ‘질소만 가득한 과자’ 같은 느낌마저 들어.) 고상한 논리로 가식을 떠는 이들에게 독설을 날리고, 어려운 철학 용어로 포장하지 않고, 행동으로 보여 주는 모습은 그 자체로 ‘행동하는 철학자’라고 할 수 있어.

말로 떠드는 게 아니라 삶 자체로 자신의 철학을 보여 줬다고 해야 할까? 디오게네스를 ‘미친 철학자’, ‘괴짜 철학자’라고 쉽게 말하지만, 과연 이렇게 살 수 있는 사람이 몇이나 될까? 가진 재산이라곤 물 떠먹을 때 쓰는 표주박이 전부였고, 살던 곳은 나무통이었고, 평생 한 벌의 옷으로 버틴 삶. 가난하지만 스스로 만족할 줄 아는 삶. 이런 삶을 살 수 있는 이가 과연 몇이나 될까?

디오게네스 이야기를 하기 위해 이 책을 쓰는 건 아니니까, 이쯤에서 아리스토텔레스 이야기로 돌아가기로 하자. 디오게네스처럼 가난한 삶을 산 걸출한 철학자(변태라고 생각하지 마!)도 있지만, 아리스토텔레스처럼 유복한 집안에서 태어나 위대한 업적을 남긴 철학자가 더 많았어.

아리스토텔레스의 스승인 플라톤도 금수저 집안에서 태어났고, 염세주의자로 유명한 쇼펜하우어도 평생 돈 걱정 없이 살았어. 20세기 가장 위대한 철학자 중 한 사람인 비트겐슈타인도 엄청난 유산을 물려받았지(그걸 릴케에게 준 것으로도 유명해).

사람들이 말하길 철학은 돈이 되기 힘든 학문이라고 하잖

염세주의(厭世主義)

한자를 거칠게 풀어보자면, 세상 모든 걸 부정적으로 바라보는 사상이라 할 수 있어. 어떻게 보면 굉장히 우울하고 위험한 생각처럼 보이지만, 이들의 생각을 한 꺼풀 벗겨보면 의외로 단순해. "어차피 이 세상은 불합리해. 슬픔과 비애로 가득 차 있어. 행복 같은 것도 따지고 보면, 일시적인 거야. 인생은 원래 덧없는 거야." 어때? 뭔가 통달한 듯한 느낌이 들지 않아? 정답이라고 꼬집어 말할 순 없지만, 이것도 세상을 살아가는 하나의 방법이란 건 확실해.

아르투어 쇼펜하우어(Arthur Schopenhauer)

근대 철학을 말할 때 빠지지 않고 등장하는 인물이야. 역시나 천재이고, 독일이 자랑하는 철학자 중 한 명이지. 염세주의자로 유명한데, 좀 웃기는 건 세상을 비관하면서 누릴 건 다 누리고 살았다는 거야. 집이 부자라 부족함 없이 자랐고, 하고 싶은 공부도 마음대로 했어. 72세에 사망했으니 당시로는 오래 살기까지 했어. 철학자 헤겔과 여자를 싫어한 것으로 유명해. 쇼펜하우어가 요즘 세상에 태어났다면, '여성 혐오' 철학자로 낙인찍혔을 거야.

비트겐슈타인(Ludwig Josef Johann Wittgenstein)

20세기가 낳은 가장 위대한 철학자 중 한 명이야. 오스트리아 출신인데, 20세기 최악의 독재자인 히틀러와 같이 학교에 다닌 걸로도 유명해. 논리학, 수학철학, 심리철학은 물론이고 특히 언어철학 분야에서 탁월한 업적을 남겼어. '집안이 좀 살아야 철학을 할 수 있는 게 아닌가'란 고민을 하게 만드는 철학자 중 한 명이야. 비트겐슈타인은 철강업으로 그야말로 떼돈을 번 집안에 태어났어. 집에는 그랜드피아노가 7대나 있고, 매주 음악회가 열렸대. 여기에 브람스, 슈트라우스, 말러 같은 그야말로 당대 최고의 음악가들이 와서 연주를 했어. 오늘날로 치자면, 매주 한류 스타들을 집으로 불러 콘서트를 연 셈이야. 아버지가 죽은 후 상당한 유산이 주어졌는데, 비트겐슈타인은 공식적으로 유산 상속을 거절했어. 그런데도 억지로 유산을 떠안았는데 그는 이 유산을 가난하지만 유망한 작가를 후원하는 데 사용했어. 그 첫 수혜자가 바로 릴케였지.

라이너 마리아 릴케(Rainer Maria Rilke)

오스트리아의 시인이자 문학가야. 태어난 건 프라하였지만, 독일어권에서는 최고의 문학가로 불릴 정도로 인정받는 시인이야.

아. 그러니 그걸 연구하려면 집안에 돈이 좀 있어야 하지 않을까? 물론 집안에 돈이 없더라도 개인의 의지와 노력으로 이를 극복할 수도 있어. 장황하게 '돈' 이야기를 꺼낸 이유는 아리스토텔레스가 '돈 많은 집안에서 태어났다'는 이야기를 강조하기 위해서야.

금수저로 태어난 아리스토텔레스

돈이 뭐 그렇게 중요하냐고 따질 수도 있겠는데, 아리스토텔레스는 철학을 하기 위한 중요한 조건으로 '한가함'을 말했어. 우리가 살펴볼 《니코마코스 윤리학》에서도, 한가함 속에서 이루어지는 철학적 관조의 삶이 가장 행복한 삶이라고 역설하지. 알다시피 한가하기 위해서는 꽤 '돈'이 필요하잖아? 한가로운 삶은 좋은 듯하면서도 자칫 잘못하면 게으름으로 연결되고, 게으름은 가난에 한없이 가까운 곳에 있잖아? 이 사실을 아리스토텔레스도 잘 알고 있었어.

"우리는 한가함을 갖기 위해, 게으르지 않다." 

아리스토텔레스가 한 말이야. 그런데 생각을 좀 해 봐. 학교에 다녀 보면 알 거 아냐. 해야 할 공부, 해야 할 일이 얼마나 많아? 아침이면 일어나 학교 가지, 학교 가면 수업 듣지, 오전 수업 끝나면 급식 먹지, 채 소화도 안 됐는데 바로 오후 수업 듣지, 학교 끝나면 학원에 가야 하지…. 어때? 한가할 틈이 없지? 학교를 졸업하면 나아진다고? 학생 신분 벗어나

대체 무엇을 위해 이렇게 바쁘게 사는 걸까?

면 자기 마음대로 살 수 있을까? 아냐. 학생 때보다 더 답답한 삶이 시작돼. 이런 상황에서 한가함을 찾는다고? 평범한 직장인이라면 어려워. 그런데 한가해지는 아주 간단한 해결책이 있긴 해.

"돈."

돈만 많으면, 굳이 직장을 다닐 필요가 없잖아? 먹고살기 위해 일할 필요가 없으니 자연스럽게 시간이 남아돌 거야. 물론 한가하다고 다 철학자가 되는 건 아니야. 그렇지만 한가함이 철학을 하는 데 중요한 조건이란 건 사실이야.

"철학을 하려면, 생각을 좀 가다듬어야 하는데 생각할 시간이…."

"야! 철학한다고 밥이 나와 빵이 나와? 너 점심 먹을 돈은 있어?"

"없어…."

"그럼, 그 철학이란 거 하면 나중에 돈 많이 벌어?"

"그게, 원래 인문학이란 게 돈 벌기가…."

"그럼 때려치우고, 당장 아르바이트라도 해! 먹고사는 게 먼저지 철학은 무슨!"

옛날이나 지금이나 철학해서 돈을 번다는 건 꽤 어려운 일이야. 당장 하루 끼니를 해결할 수 없는데, 철학할 시간이 있을까? 그런 의미에서 아리스토텔레스는 운이 좋은 편이었어. 평생 철학만 해도 될 정도로 경제적으로 걱정이 없었거든. 즉 먹고사는 걱정 '따위는' 일찌감치 털어 내고, 여유 있게 철학만 할 수 있는 상황이었다는 거야.

4

플라톤의 생각에 반기를 들다

자, 이제 본격적으로 시작해 볼까? 아리스토텔레스는 기원전 384년 그리스 북동부의 스타게이로스(Stageiros)에서 태어났어. 그의 아버지 니코마코스는(아리스토텔레스의 아들 이름도 니코마코스야. 헷갈리지 마) 마케도니아의 왕실 의사였어(지금으로 치자면 대통령 주치의 정도?). 의사, 그것도 왕실의 의사였으니 당연히 돈을 많이 벌었을 거야. 그러나 아버지가 의사였다는 건 돈 말고도 아리스토텔레스에게 많은 영향을 끼쳤을 거야. 당장 두 가지를 생각할 수 있어.

아리스토텔레스는 어떤 환경에서 성장했을까?

하나, 싫든 좋든 아리스토텔레스는 아버지가 환자를 치료하는 과정을 보거나 들었을 거야. 이런 환경 속에서 아리스토텔레스는 현실에 주목하고, 원인과 결과를 연구하는 습관을 물려받았을 거야. 생각해 봐. 사람마다 아픈 이유가 다 다르잖아? 그 원인을 찾고 적절한 치료 방법을 강구하는 게 의사의 본분이야. 병의 원인을 알았다고 해도 제대로 된 처

방을 하지 못한다면 환자를 치유할 수 없어. 이런 집안 내력 때문에 아리스토텔레스는 스승인 플라톤이 주장한 '이데아' 같은 뜬구름 잡는 소리를 무시할 수 있었을 거야.

사람들은 아리스토텔레스를 '철학자'로 알고 있는데, 그가 남긴 저서를 보면 철학자라기보다는 동물학자 혹은 생물학자라고 보는 편이 맞아. 그가 남긴 저서 중 5분의 1 이상이 생물학에 관한 내용이거든. 전해지지 않은 책까지 합치면 그의 책 중 3분의 1에서 4분의 1 정도가 동물학, 생물학에 관한 걸 거야. 그런데 더 놀라운 건 양보다 '질'이야. 아리스토텔레스는 120종의 어류와 60종의 곤충을 포함해서 500종이 넘는 동물에 대해 기록을 남겼는데, 그 수준이 놀라울 정도야. 그 당시에 이미 고래와 물고기를 따로 구분해서 기록했으니 말 다했지? (고래가 포유류인 건 다 알고 있지?)

둘, 당시 아리스토텔레스의 아버지는 마케도니아 왕실의 의사였는데, 아리스토텔레스도 아버지를 따라 마케도니아 궁전을 드나들었어. 이때의 인연이 훗날 알렉산드로스 대왕과의 만남에 도움이 됐을 거야. (역시나 '성공'하기 위해서는 인맥도 무시 못 하는 건가?)

이렇게 금수저로 태어나 아무 걱정 없이 살아가던 아리스토텔레스였지만, 그 운명에 살짝 먹구름이 끼게 돼. 부모님이 너무 일찍 돌아가신 거야. 아리스토텔레스가 늦둥이로 태어났다는 점도 고려해야 해. 아무튼 아리스토텔레스는 순식간에 고아가 되고 말았어. 집안에 돈이 많았으니 살아가는 데 큰 걱정이 없었을 거라고 생각할 수도 있겠지만, 현실은 다르잖아? 나쁜 친척이 찾아와 재산을 빼앗아 갈 수도 있고, 세상 물정을 몰라 사기를 당할 수도 있으니까. 그런데 아리스토텔레스에게 구세주가 나타나. 바로 그의 자형(姊兄, 누나의 남편) 프록세노스가 후견인으로 등장한 거야.

프록세노스는 자기 친아들처럼 아리스토텔레스를 키웠어. 얼마나 정성을 다했는지, 아리스토텔레스가 자기 유언장에 프록세노스를 기념하기 위한 동상을 세우라는 말까지 남겼을 정도야. 가만 보면 금수저로 태어난 아리스토텔레스한테는 행운도 뒤따른 것 같아.

프록세노스는 곧 아리스토텔레스의 재능을 알게 돼. 아리스토텔레스가 17살이 되던 기원전 367년. 프록세노스는 아리스토텔레스를 아테네로 보냈어. 당대 최고의 학교인 아카데메이아에 유학을 보낸 거지. 인류 역사상 가장 위대한 '유학길'이라고 말해야 할지도 모르겠어.

여기서 잠깐 생각해 봐야 하는 게 있는데, 아리스토텔레스의 고향이야.

"저 촌놈 뭐야?"

"아리스토텔레스라고 하는데, 마케도니아에서 왔대."

"마케도니아? 쌈질만 하는 그 촌동네?"

"몰라, 그래도 거기서 꽤 똑똑했으니 여기로 유학 왔겠지?"

아리스토텔레스는 외국 유학생이야. 이건 학문의 길을 가려는 아리스토텔레스에게는 꽤 중요한 문제였어. 아테네는 시민권을 가진 사람에게만 정치의 문이 열려 있었으니 외국인이었던 아리스토텔레스는 당연히 낄 수 없었지. 좀 똑똑하고, 말 잘한다 싶으면 정치판으로 뛰어드는(아니, 모셔 가지) 당시 아테네의 상황을 본다면, 아리스토텔레스는 영입 1순위 예비 정치인이라고 할 수 있었어. 그러나 외국인이었기에 현실 정치에는 참여할 수가 없었지. 덕분에 아리스토텔레스는 학문에만 집중할 수 있었어. 그렇다고 그가 정치를 외면한 건 아냐. 오히려 더 냉정하게 정치를 바라볼 수 있었어. 덤으로 정치판에 휩쓸리지도 않았고 말이야.

당시 아카데메이아는 설립된 지 20년이 된 아테네 최고, 아니 그리스 최고의 학교였어. 여기서 우리가 잊지 말아야 할 게 하나 있어. 아카데메이아를 지금 우리가 다니는 학교로 생각해선 안 된다는 거야.

"야, 종쳤다. 수업하자!"

XXX!
알겠지?
@%$

"에이~"

"다음 주 철학 시험인 거 알지? 동굴의 비유랑 스파르타의 교육 방식은 시험에 꼭 나오니까 잘 준비하고…. 자, 반장! 지난 시간 진도 어디까지 나갔어?"

아카데메이아는 이런 학교가 아니었어. 선생이 일방적으로 수업하는 곳도 아니고, 학생은 무조건 수업을 듣기만 하는 곳도 아니었어. 아카데메이아의 핵심은 당대 최고 학자들이 모여서 각자의 생각과 학문을 말하고, 서로 배우고 배워 나가는 일종의 '학문 박람회' 같은 곳이었어. 이곳에서 아리스토텔레스는 공부만 했어. 처음 몇 년간은 학생의 입장에서 주로 이야기를 들었다면, 이후에는 선생이 돼서 자신이 배우고 익힌 학문을 가르쳤어.

유학 와서 몇 년 만에 배우는 입장에서 가르치는 입장이 됐다면, 대체 얼마나 열심히 공부했던 걸까? 당시 아리스토텔레스는 책을 사는 게 일과였어. 닥치는 대로 책을 사서 개인 도서관을 만들 정도였지(역시 부자야). 이렇게 독서에만 몰두하는 아리스토텔레스를 보면서 플라톤은 걱정이 들었어.

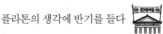

"아리스토텔레스에게는 고삐가 필요하다." 

당시 플라톤에게는 2명의 애제자가 있었는데, 한 명은 아리스토텔레스, 나머지 한 명은 크세노크라테스였어. 플라톤은 이 2명의 제자들에게 상반된 평가를 내렸는데, 아리스토텔레스는 '재갈을 필요로 하는 준마'라고 평했지만, 크세노크라테스에게는 '박차를 필요로 하는 당나귀'란 평가를 내렸지. 이것만 봐도 아리스토텔레스가 얼마나 열심히 공부했는지 감이 잡히지?

아리스토텔레스에 대한 플라톤의 평가

재능 있고, 똑똑한 데다 노력도 아끼지 않는 제자. 그런 제자를 보는 스승의 마음은 어떨까? 플라톤은 아리스토텔레스를 보면서, **'아카데메이아의 정신'**이라며 칭찬하기 바빴어. 하지만 스승과 제자의 좋은 관계는 그리 오래가지 않았지. 아리스토텔레스가 플라톤의 그늘에서 벗어나기 시작한 거야.

크세노크라테스(Xenocrates)

아리스토텔레스가 스승인 플라톤과 다른 길을 걸었다면, 크세노크라테스는 스승의 철학을 충실히 계승한 제자였어. 그는 플라톤이 말한 이데아에 피타고라스학파의 '수학'을 접목해 지식과 감각의 중개를 수학적으로 나타내려고 했어. 아리스토텔레스가 "요즈음 사람들에게는 수학이 철학이 되었다"라고 말한 건 크세노크라테스와 아카데메이아를 이어받은 스페우시포스 때문이었대. 그래도 크세노크라테스는 나름대로 '철학적 업적'을 남겼는데, 처음으로 철학을 논리학, 자연학, 윤리학 3개 분야로 분류한 인물이었어.

"샘! 이거 좀 이상한데요?" 

"뭐가?" 

"이데아란 거 본 적 있어요?" 

"보, 본 적은 없지만. 그거 분명 있어!" 

"본 적 없는데, 어떻게 믿어요?" 

"이놈 자식이!" 

아리스토텔레스가 플라톤의 영향을 받은 건 사실이야. 그의 초기 저작물들, 그러니까 《에우데모스》, 《프로트렙티코스》, 《영혼에 대한 초기 대화편》 같은 책을 보면, 플라톤이 말한 '이데아'를 그대로 받아들인 느낌이야. 그런데 아리스토텔레스의 내공이 점점 깊어지면서 스승인 플라톤에게 학문적으로 덤벼들기 시작했어.

당시 어떤 상황이었는지는 아리스토텔레스 자신이 《니코마코스 윤리학》에 잘 정리해 뒀어.

"두 가지(진리와 플라톤)가 모두 나의 친구이기는 하지만, 진리를 더 높이 존중하는 것이 나의 숭고한 의무다."

플라톤을 존중하지만, 스승의 생각이 틀렸기에 자기는 진리를 주장할 수밖에 없었다는 얘기야. 여기서 생각해 봐야 하는 게 있어. 아리스토텔레스가 비록 플라톤과는 다른 주장을 했지만, 인간적으론 스승을 존경하고 사랑했다는 대목이야. '친구'라고 했잖아. 그렇지만 플라톤 입장에서는 씁쓸했을 거야.

앞에서 말한 《유명한 철학자들의 생애와 사상》이란 책 기억나지? 이 책을 보면 당시 플라톤의 마음을 확인할 수 있어.

"마치 어린 망아지가 제 어미에게 하듯 아리스토텔레스가 나에게 반기를 들었다."

이 말은 플라톤이 한 말이 아니라 그의 제자들이 아리스토텔레스를 '까기' 위해 덧붙인 말이라는 설도 있지만, 어쨌든 당시 플라톤의 심정이 이랬을 거란 느낌은 와. 열심히 한다고 칭찬해 줬더니만, "선생님이 틀린 거 같은데요?"라면서 딴지를 거니 얼마나 속상했겠어? 실제로 아리스토텔레스와 플라톤은 학문하는 방법부터가 달랐어. 아리스토텔레스의 연구는 항상 사실에서 출발했어.

플라톤과 다르게 생각한 아리스토텔레스

"의자는 다리가 왜 네 개일까?"

이런 의문이 들면 일단 관찰을 해. 그러고는 수집한 정보들을 비교, 분석해.

"의자 다리는 대부분 네 개네?"

"다리가 세 개면 안 돼? 하나를 부러뜨려 볼까?"

"아, 다리를 하나 부러뜨리면 균형이 잡히지 않는구나."

"그럼, 애초부터 다리 세 개로 균형이 잡히는 의자를 만들면 되겠구나!"

아리스토텔레스는 이렇게 관찰, 비교, 분석 과정을 반복하고 이를 토대로 사물을 이해하려고 했어. 그런데 스승인 플라톤은 이데아란 '망상'을 강조한 거야.

"우리가 보고 있는 의자는 완벽한 의자가 아니야! 완벽한 의자는 이데아에 있고, 그걸 모방한 게 현실의 의자야!"

생각해 봐. 어떤 게 옳은 걸까? 아니, 옳고 그름을 떠나서 일단 두 사람의 사고방식이 사뭇 다르다는 걸 느낄 수 있지? 시작부터가 어긋났다고 해야 할까? 그런데 얼마 못 가 플라톤이 죽었어. 이때부터 이야기가 묘하게 꼬여. 플라톤의 뒤를 이어 아카데메이아를 이끌 후계자를 선정해야 하잖아? 이때 이 자리에 스페우시포스(Speusippos)가 앉게 돼.

"스페우시포스가 누군데요?" 
"응, 플라톤의 제자이자 조카야." 
"좀 더 자세히 알려 주세요." 
"플라톤이 죽고 나서 아카데메이아의 원장이 된 사람이야. 나름 삼촌이 주장한 '이데아'에 반대하는 모습을 보이기도 했는데, 앞에서 언급한 플라톤의 애제자 크세노크라테스와 함께 피타고라스를 받아들여 수학이 철학이 되고 말았다는 아리스토텔레스의 비판을 받기도 했지." 

당대 학문적 성취로만 보자면 아리스토텔레스가 플라톤의 후계자가 되는 게 정답일 것 같지? 하지만 세상은 그리 녹록하지 않아. 다시 잘 생각해 봐. 스승의 의견에 반대되는 의견을 내놓는 제자인 데다 외국인인 아리스토텔레스! 특히나 외국인이란 사실이 마음에 걸렸을 거야. 더구나 당시 마케도니아는 슬금슬금 국력을 키우더니 언제부터인가 아테네 영토를 공격하기 시작했어. 아테네 북부 해안 도시들을 차례로 약탈하는 통에 아테네도 해군을 증강해야 한다며 부산을 떨던 시기였지. 이런저런 이유로 아리스토텔레스는 아카데메이아의 후계자 자리에서 밀려나게 돼.

그다음은 어떻게 됐을까? 아리스토텔레스는 미련 없이 아카데메이아를 떠나게 돼. 20여 년 만이지. 이때 아카데메이아 원장이 된 스페우시포스가 하는 말이란 게 이랬어.

"삼촌이… 아니, 선생님이 말한 이데아 세계를 더욱 갈고 닦겠습니다!"

그러니 아리스토텔레스도 미련은 없었을 거야. 아리스토텔레스는 아소스(Assos, 튀르키예의 가장 서쪽 비가 반도에 있는 작은 도시)로 떠나. 이곳에서 아카데메이아의 분교를 만들려고 했어. 이때 등장하는 인물이 바로 헤르미아스(Hermias)야. 당시 아타르네우스(Atarneus)의 통치자였어. 그는 물심양면으로 아리스토텔레스를 도왔어. 결정적으로 아리스토텔레스는 헤르미아스의 양녀였던 피티아스(Pythias)와 결혼하게 돼.

"야, 아리스토텔레스! 드디어 너도 장가가는구나? 겨우 노총각 딱지 떼네."

"무슨 소리야? 노총각이라니! 자고로 남자는 37세가 결혼 적령기야. 여자는 18세가 결혼 적령기고. 그러니까 난 적당한 때 결혼하는 거야."

"야, 임마. 그게 무슨 헛소리야? 신부가 18살이라고? 이거 완전히 도둑놈 아냐?"

"어허, 그게 적정한 나이라니까, 그러네!"

아리스토텔레스의 《정치학》

아리스토텔레스의 저서 중 하나인 《정치학》을 보면, 결혼 적령기에 관한 이야기가 나와. 아리스토텔레스는 당당하게(?!) 남자는 37세에서 70세 사이에 결혼하는 게 좋고, 여자는 18세에서 50세 사이에 결혼하는 게 좋다고 말했어. 지금의 기준으로 보자면, 말도 안 되는 이야기지. 결혼이란 꼭 해야 하는 것도 아니지만, 결혼 적령기라는 게 있는 것도 아니니까. 결혼이란 사랑하는 사람이 서로를 필요로 할 때 하면 되는 거야. 어쨌든 아카데메이아를 떠나온 아리스토텔레스는 결혼을 하게 돼.

아, 여기서 아리스토텔레스의 가족 관계를 정리하고 넘어가자. 아리스토텔레스에게는 '공식적으로' 자식이 3명 있었어. 아리스토텔레스와 피티아스 사이에 딸이 한 명 있었고, 양자로 들인 니카노르와 니코마코스가 있어. 여기서 우리가 주목해야 하는 사람이 바로 니코마코스야. 니코마코스는 피티아스의 자식이 아냐. 피티아스가 죽고 난 뒤 아리스토텔레스는 노예였던 헤르필리스와 오랜 기간 '동거'를 해. 이 둘 사이에서 낳은 자식이 니코마코스야. 《니코마코스 윤리학》은 아리스토텔레스의 강의 내용을 니코마코스가 정리한 책이지.

자. 이해했지? 그럼 계속할게. 아소스에 있던 아리스토텔레스는 헤르미아스의 갑작스러운 죽음 이후 고향인 스타게이로스로 돌아가게 되고, 얼마 뒤 마케도니아의 왕 필리포스의 초청을 받아.

"우리 아들 좀 가르쳐 주겠나?"

여기서 말하는 아들이 누군지 알겠지? 벌써 까먹었다면 곤란해. 생각났어? 그래, 맞아! 훗날 페르시아를 꺾고, 인도까지 쳐들어간 알렉산드로스 대왕의 가정교사가 된 거야. 약 3년간 개인과외 선생을 하는 동안 아리스토텔레스가 뭘 가르쳤는지는 알려지지 않았지만, 알렉산드로스 대왕이 아리스토텔레스가 준 《일리아스》를 늘 간직했다는 것과 알렉산드로스가 죽기 전까지 편지를 주고받은 사실을 미루어 보면, 아리스토텔레스가 '꽤' 영향을 준 건 확실해.

(일설에 따르면 알렉산드로스 대왕은 동방원정을 벌이는 동안에도 틈틈이 현지에서 수집한 책이나 동식물 표본을 아리스토텔레스에게 보냈다고 해. 넉넉한 연구비도 함께 말이지. 이 정도면 나름 괜찮은 사

제지간이라고 할 수 있겠지? 그런데 이런 관계가 훗날 아리스토텔레스의 발목을 잡게 돼.)

자, 일국의 왕이 자기 아들의 스승이 되어 달라고 부탁했어. 바로 이 대목에서 아리스토텔레스와 플라톤의 차이를 다시 한번 확인할 수 있어. 지난 책에서 플라톤이 뭐라고 했는지 기억나?

"철학자가 왕이 되거나, 왕이 철학을 공부해야 해!" 

그래. 그 유명한 '철인군주론'이지. 생각지도 않은 때에 아리스토텔레스는 장차 왕이 될 재목에게 철학을 공부시킬 절

호의 기회를 얻게 됐어. 스승인 플라톤이 꿈꾸던 '이상적인 왕'의 모습을 만들 수 있었던 거야. 그런데 아리스토텔레스는 스승의 말을 '쿨하게' 무시했어.

아리스토텔레스가 알렉산드로스 대왕의 가정교사가 된 이유

"왕이 철학자가 되는 것은 필요하지 않을 뿐 아니라 유익하지도 않다. 오히려 왕은 참된 철학자들의 충언을 들어야 한다. 그래야 왕은 자기 왕국을 좋은 말이 아니라 좋은 행동으로 가득 채울 수 있다."

어때? 아리스토텔레스는 플라톤과는 정반대 입장이지? 왜 그랬을까? 이유는 간단해. 아리스토텔레스는 지극히 현실주의적인 입장이었기 때문이야.

"정의사회 구현을 위해서 철학자를 왕으로 앉힌다고? 개 풀 뜯어먹는 소리야!"

"아니, 그렇게까지 험악하게 말할 필요가 있어? 훈련받은 철학자들이 나라를 다스리면 좋잖아? 뇌물 같은 거 안 받고 소신 있게 정의를 실천할 수 있는…."

"그게 더 말이 안 돼! 스승님이 말한 정의가 뭐야? 완벽한 이데아 세계에서 내려온 '정의'잖아! 티끌 하나 묻어 있지 않은 순수한 정의! 근데, 그게 인간 세상에서 통용될까? 내가 생각하는 정의란 건 말야. 인간들 사이에서 만들어진 정의

야. 이데아의 정의를 인간 세상의 정의에 맞춰 봤자 사람들만 피곤해져. 어차피 정치란 게 같이 좀 더 잘 살아보자고 하는 거 아냐? 그렇다면 사람들의 의견을 듣고 그들이 원하는 방향으로 가는 게 좋은 정치 아니겠어? 수도승처럼 도 닦다가 온 철학자들이 세상 돌아가는 꼴을 알겠어?"

거칠게 표현했지만, 이런 생각을 하고 있던 아리스토텔레스는 플라톤이 그렇게 원하는 '철인왕'을 만들 기회를 마다하고 평범한 가정교사로 남았어. 가르치던 학생이 세계정복을 하러 떠나면서 아리스토텔레스의 가정교사 생활도 끝나게 됐지. 다음으로 아리스토텔레스가 찾아낸 직업은 '학원 선생'이었어.

"가정교사 생활도 할 만큼 했으니까, 이번엔 아카데메이아처럼 제대로 된 학원을 차려 볼까?"

"학원은 무엇보다 장소가 중요한데, 어디다 차릴 거야?"

"교육 하면 아테네 아니겠어? 아카데메이아랑 한번 붙어봐야지!"

리케이온을 설립한 아리스토텔레스

아리스토텔레스는 기원전 335년에 아테네로 돌아와 아카데메이아와 비슷한 학원을 차리게 돼. 바로 리케이온(Lykeion)이야. 아폴로 신전의 경내인 리케이온에 있다고 이렇게 이름 지었어. 학원을 차리자마자 학생들이 구름처럼 모여들었어.

“아카데메이아 최고의 천재가 만든 학원이라면서?”

“말도 마. 플라톤 선생의 애제자였는데, 전혀 다른 걸 가르친데!”

“어? 진짜!”

아폴로 신전

"야야, 지금 그게 중요해?"

"그럼, 뭐가 중요해?"

"몰라서 물어? 아리스토텔레스 샘이 알렉산드로스 대왕의 개인 가정교사였잖아!"

"그게 왜?"

"순진하기는…. 알렉산드로스가 지금도 아리스토텔레스 샘한테 편지까지 보낸다고 하잖아. 봐봐, 지금 그리스를 누가 지배해?"

"알렉산드로스 대왕이지. 뭐, 기분은 나쁘지만 어쩌겠어?"

"지금 그딴 자존심이 중요해? 세상은 인맥이야. 인맥! 우리가 아리스토텔레스 샘 밑에서 배우면, 알렉산드로스나 우리나 다 같은 동문 아냐? 리케이온에 들어가 공부하고 졸업하면 같은 동문인데, 우리한테 한 자리 챙겨 주지 않겠어?"

순수하게 공부가 목적인 학생도 있었겠지만, 조금 '불순한' 생각을 가지고 학원 문을 두드린 학생들도 있었을 거야. 어쨌든 리케이온은 문을 열자마자 대박을 쳤어. 아리스토텔레스는 스승인 플라톤처럼 많은 제자를 거느리게 됐지.

이 당시 아리스토텔레스와 제자들을 일러 페리파토스(peripatos, 회랑, 폭이 좁고 긴 통로)학파라 불렀는데, 이유는 간단해.

"우리 좀 걸으면서 이야기할까?" 

경
축
학교장
아리스토텔레스
알렉산드로스
대왕 배출
신장
리케이온
개업
대박나세요
축하합니다
축발전
전투를 빕니다

"예, 샘. 그런데 오늘은 어떤 이야기를 하시려고요?" 

"너희는 정치가 뭐라고 생각해?" 

"정치요? 정치란 권위에 의한 재분배가 아닐까요?" 

"호, 제법 어려운 말 쓰네? 계속해 봐." 

"우리가 세금을 내잖아요? 그러니까 국가의 자원을 어디에 쓸지 어떻게 분배해야 할지 그걸 고민하는 게 정치란 소리죠." 

이랬던 거야. 이들은 회랑을 거닐거나 숲속을 산책하며 대화를 나누며 공부했기에 페리파토스(소요)학파라 불린 거야. 그렇게 12년이 흘렀지. 아리스토텔레스는 연구하고, 강의하고, 책 쓰면서 자신이 원하던 꿈같은 나날을 보냈어. 그러나 행복도 끝이 나게 돼.

"알렉산드로스가 죽었다! 이제 아테네는 해방이야!"

"테베 사람들을 모두 죽인 독재자가 사라졌다!"

"마케도니아 놈들을 때려잡자!"

당시 알렉산드로스는 좋게 보면 '위대한 정복자'였지만, 나쁘게 보면 폭군이었어. 여기엔 사연이 좀 있어. 페르시아 원정 직전 알렉산드로스는 북쪽 국경을 방비하기 위해 트라키아인들을 공격했어. 이때 알렉산드로스가 죽었다는 헛소문이 그리스에 퍼져. 이때를 놓치지 않고 테베가 반란을 선동했지.

"알렉산드로스가 죽은 이때가 기회야! 폭군으로부터 그리스를 해방시키자!"

테베가 반란을 일으키고, 아테네도 여기에 참여하게 되지 (필리포스 왕 때도 둘은 연합해 마케도니아와 싸운 경험이 있어). 테베와 아테네가 반란을 일으키자 알렉산드로스는 진압하러 달려왔어. 그러고는 테베를 쑥대밭으로 만들어 버려.

"이것들은 반란이 습관이야, 습관! 아예 싹 밀어 버려!"

알렉산드로스는 도시를 완전히 파괴하고 테베 시민을 모두 노예로 팔아 버렸어. 테베가 박살나는 꼴을 본 아테네는 화들짝 놀라 무조건 항복을 해. 하지만 아테네 사람들에게 알렉산드로스와 마케도니아는 무조건 때려잡아야 할 원수가 됐지.

감정을 이입해서 보자면 1945년 8월 15일 광복의 순간, 한국인이 일본인을 바라보는 느낌이랄까? 알렉산드로스가 죽자 아테네 사람들은 그런 심정으로 아리스토텔레스를 노려보게 돼.

"쟤, 마케도니아 사람이랬지?"

"그래. 맞아!"

"그럼, 마케도니아 사람을 어떻게 해야 하지?"

"뭘, 물어봐? 당연히 때려잡아야지!"

아테네를 떠날 수밖에 없었던 아리스토텔레스

이렇게 된 거야. 당시 아테네 사람들은 소크라테스를 죽인 죄목과 똑같은 죄목, 그러니까 신에 대한 불경죄로 아리스토텔레스를 고소해. 한마디로 죽이겠단 소리지. 이때 아리스토텔레스는 역사에 남을 유명한 한마디를 남기고 아테네를 떠나.

"아테네인들이 철학에 두 번째로 죄를 짓지 않게 하기 위해서 난 떠난다." 

소크라테스를 죽인 게 철학에 대한 첫 번째 죄라면, 자신을 죽이면 철학에 두 번 죄를 짓는 셈이 된다는 논리였어. 아테네 사람들을 비꼰 거야. 그는 그렇게 아테네를 빠져나와 어머니의 고향으로 도망가. 그러고는 이듬해인 기원전 322년에 세상을 떠나. 위대한 철학자의 씁쓸한 최후였어.

어때? 말년의 1~2년만 빼면, 누가 봐도 부러운 인생이지 않아? 부러우면 지는 거라지만, 이 정도면 인정할 수밖에 없을 것 같아!

5

아리스토텔레스, 인생의 '답'을 고민하다

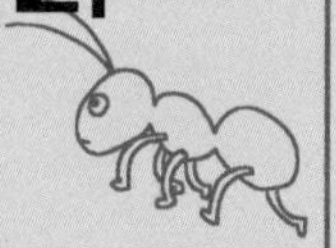

아리스토텔레스는 63살까지 살면서 500여 권의 책을 썼어(앞에서도 말했지만, 1000권을 썼다는 주장도 있어). 놀라운 점은 이 500여 권의 책이 전부 재미없다는 거야(오해하지 마, 내용은 참 좋아! 읽는 게 힘들어서 그렇지). 스승인 플라톤이 대화편이라고 해서 다루는 주제는 어렵더라도 읽는 이들의 편의를 생각해 풀어서 글을 쓴 것과 달리 아리스토텔레스의 책은 너무 어려워. 또한 풀어내는 방식도 어려워. 물론 아리스토텔레스에게도 할 말은 있어.

"왜 이렇게 책이 어려워요?"

"야, 이걸 왜 너희가 읽고 있어?"

"예?"

"이건, 내가 제자들 수업용으로 만든 강의 노튼데?"

"가, 강의 노트요?"

"그래, 강의 노트. 제자들 가르치려면, 수업 들어가기 전에 생각도 가다듬고, 공부도 좀 하고 그래야 할 거 아냐? 그래서 정리한 건데, 이걸 읽겠다고?"

"좋은 책이라고 해서 읽으라던데요?"

"좋은 내용이 담겨 있긴 하지. 근데, 내 제자들이 일반 대학생 수준을 훨씬 뛰어넘는 애들이라서 말야…. 아무튼 그래, 읽겠다는 의지는 좋은 거지. 그래, 읽어! 읽다 보면 언젠간 깨치겠지."

《니코마코스 윤리학》은 어떤 책일까?

이런 상황인 셈이야. 아리스토텔레스의 책들은 리케이온에서 학생들을 가르치기 위한 수업교재 정도? 아니, 수업 교재라면 차라리 좋겠어. 사실은 제자들을 가르치기 전에 아리스토텔레스가 수업할 내용을 정리한 강의 노트에 가까워. 그럼, 《니코마코스 윤리학》은 어땠을까? 역시나 아리스토텔레스가 틀을 잡은 강의 노트를 아들인 니코마코스가 정리해서 완성한 책이야.

지금으로 치자면, 철학박사 과정을 밟는 학생들을 모아 놓고 교수님이 수업할 때 사용한 강의 노트를 책으로 엮은 거라고 보면 돼. 원래부터 한 권짜리로 잘 정리된 것이라면 그나마 낫겠지만, 여기저기 흩어져 있던 글들을 교수님 아들이 나중에 모아서 책으로 묶어 낸 것이나 마찬가지라 어려울 수밖에 없어. 바로 이 지점에서 근본적인 의문이 들 거야.

"대학생도 아니고, 박사 과정 밟는 사람들이나 읽는 책을 지금 왜 우리가 읽어야 하지?"

우문현답(愚問賢答)이라고 할 수도 있겠지만, 《니코마코스 윤리학》이 좋은 책이기 때문이야. 비록 읽기는 힘들지만, 이 책은 우리가 어떻게 살아야 하는지를 말해 주는 책이거든. 고전으로 만나는 진짜 세상 시리즈 1권에서 소개한 《국가》를 통해서 우리는 인생에 '왜'라는 질문을 던져야 한다는 중요한 사실을 알게 됐어. 뭐든지 의심하고, '왜'라고 질문을 던지다 보면 우리 인생을 풍족하게 살 수 있다는 것도 이해했고.

그런데 말야. 우리 인생을 어떻게 살아야 할까? 아니, 그 이전에 인생을 사는 목적이 있을 거 아냐? 사람마다 주어진 조건이나 환경이 다르기 때문에 인생을 어떻게 살아야 할지, 그리고 지금 주어진 인생을 어떻게 '활용'해야 할지, 그에 대한 생각이 다 다를 거야.

장담하는데, 삶의 목표나 방향이 뚜렷한 학생은 그렇게 많지 않을 거야. 100명 중에 기껏 한두 명? 나머지 대부분의 학생은 막연하게 이렇게 생각해.

"돈 많이 벌어 행복해지려고요!"

이런 생각이 틀렸다고 할 수는 없어. 거듭 말하지만, 우리 삶에 돈은 중요해. 그렇지만 돈이 목적인 삶이 행복하다고 단정할 수는 없어. 그게 바로 아리스토텔레스가 말한 거야. 우리 인생의 목적이 뭘까? 잘 모르겠지? 이에 대해 대답할 수 있는 사람이라면, 인생의 절반은 성공한 셈이야.

자기 인생의 목적이 뭔지, 어떻게 살아야 할지 고민된다면 자신에게 '왜'라고 끊임없이 질문을 던져 보면 돼. 그 과정이 힘들고 어렵지. 그런데 그 과정을 단축시켜 주는 게 바로 《니코마코스 윤리학》이야. 이 책은 우리가 인생을 어떻게 살아야 하는지, 사는 목적이 뭔지에 대한 하나의 해답을 알려 줘. 여러 '답'들 중에 정답에 가까운 답을 제시했다고 생각해.

"에이, 2400년 전 사람이 쓴 거라면서요? 그건 너무 오래된 해답 아니에요?"

물론, 이렇게 생각할 수도 있을 거야. 아리스토텔레스가 살던 시절과 지금은 사는 환경도, 사회구조도, 누리는 생활의 질도, 지식의 양도 달라졌어. 그러나 본질적으로 우리 '인생'은 비슷해. 그때의 철학자들이나 지금의 철학자들이나 고민하는 주제는 크게 다르지 않아.

"인간은 어디서 왔고, 어디로 가는가?"

"사람은 어떻게 살아야 하는가?"

"어떻게 사는 삶이 잘 사는 삶일까?"

이런 질문은 우리의 삶이 지속되는 한 풀리지 않는 영원한 숙제라는 거지. 물론 여기에서 비껴 난 주제를 고민하는 철학자들도 많이 있어. 하지만 '주제'들의 목적을 들여다보면 거의 다 '어떻게 살아야 하지?'를 근거로 문제를 '어렵게' 비튼 것일 뿐이야.

철학이란 뭘까?

"사람이 사는 방법을 어렵게 쓴 말."

1권에서 강조한 얘기니까 기억할 거야. 그런 의미로 보자면, 《니코마코스 윤리학》은 우리가 인생을 어떻게 살아야 하는지에 대한 **'모범 답안지'**와 같아. 그렇다고 이 책이 인생의 모든 문제를 해결해 주고, 인생을 잘 사는 구체적인 방법을 알려 주는 건 아냐. 다만, 우리는 태어났고(원해서 태어난 건 아니잖아?), 태어났으니 배우고, 살아가고, 결국엔 죽어.

그 과정 속에서 단순히 "죽지 못해 사는 거지"라는 식의 푸념 섞인 대답을 내놓는 게 아니라 어떻게 해야 값진 삶을 살 수 있는지에 대해 하나의 '방향'을 알려 준다는 거야. 목적지가 분명하다면, 길을 좀 헤매더라도 결국엔 도달하잖아? 가는 방법이야 배를 타고 가든, 비행기를 타고 가든, 걸어가든 자기 상황과 취향에 따라 다르겠지만, 목적지가 분명하다면 어쨌든 길을 잃지는 않아!

길을 헤매는 것과 갈 길이 없다는 것 사이엔 엄청난 차이가 있어. 헤맨다는 건 나아갈 길을 찾기 위한 과정일 뿐이야. 노력할 가치가 있는 거지. 왜? 도달해야 할 목적지가 뚜렷하니까. 반면 목적지가 없다는 건 주저앉아 움직이지 않는다는 소리야.

말장난 같지? 작은 차이지만 결과는 엄청나. 분명한 목적지가 있다면, 힘들 때 쉬거나 아플 때 누워도 돼. 인생이란 긴 여행 속에서 계속 달려갈 수는 없으니까. 중간에 길을 헤맬 수도 있고. 하지만 결국 목적지를 향해 돌아올 수 있어. 반면에 갈 길이 없다면? 그럼 되는대로 살게 돼.

"인생 뭐 있어? 그냥 먹고 마시다 가는 거지."

"애초에 흙수저로 태어났는데 노력해서 뭐해? 이번 생은 망한 것 같

으니까 일찌감치 포기하고, 되는대로 살자."

이렇게 생각하는 사람이 있다고 쳐. 그것도 개인의 자유야. 이런 삶이 잘못되었다거나 틀렸다고 말하는 건 아냐. 자기 의지와 판단으로 그런 삶을 선택했다면, 그걸 두고 남이 뭐라 할 순 없어. 사회와 타인에게 피해를 끼치지 않는 이상 말야. 하지만 우리에게 주어진 삶을 좀 더 윤택하고 가치 있게 살고 싶다면, 《니코마코스 윤리학》이 이런 소망에 '하나

의' 답을 준다는 거야.

인생에 정답이 있을까?

여러 번 강조하지만 《니코마코스 윤리학》이 인생에 '정답'을 제시하는 건 아니야. 앞에서도 얘기했듯이 **'모범 답안'**이 정답은 아니니까.

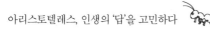

"인생에 정답이 있을까?"

어때? 이 질문에 대한 답이 있을까? 없어. 100명이면 100명

다 다른 인생을 살기 때문이야. 이는 각자 삶에서 중요하게 생각하는 가치가 다르기 때문이기도 해.

“돈 많이 벌고, 예쁜 배우자 얻어서 사는 삶이 좋은 삶이야!”

“무슨 소리야! 호랑이는 죽어서 가죽을 남기고, 사람은 죽어서 이름을 남긴다고 했잖아! 명예를 추구해야지!”

“인생 그렇게 각박하게 살 필요 있을까? 흘러가는 대로 큰 욕심 안 내고 살면 되지!”

이처럼 각기 다른 해답을 내놓을 거야. 여기서 어떤 게 옳고, 어떤 게 그르다고 대답할 수 있을까? 다시 말하지만, 인생에 정답은 없어. 하지만 운 좋게도 2400년 전 한 명의 '천재'가 인생에 대해 우리 대신 고민을 해 줬다는 거야. 그 생각이 책으로 남겨졌어. 그러니 이걸 읽는다는 건 천재 사상가의 고민의 결과를 우리 것으로 만들 수 있다는 얘기가 되지. 인생을 고민하고 질문을 던질 시간과 노력이 그만큼 줄어드니까 말야.

어때? 이 정도면 어려운 책이지만 한번 읽어봐야겠다는 생각이 들지 않아?

2장
아리스토텔레스의 《니코마코스 윤리학》

《니코마코스 윤리학》을 읽기 전에

자, 이제부터 《니코마코스 윤리학》을 읽어 볼까? 사실 이 책은 첫머리부터 어려워! 1권 1장은 다음과 같이 시작해.

"모든 기예와 모든 탐구 그리고 마찬가지로 모든 행위와 합리적 선택은 어떤 선을 목표로 하는 것처럼 여겨진다. 그렇기 때문에 사람들은 선을 두고 모든 것이 추구하는 것이라고 올바르게 규정해 왔다."

이게 무슨 말인지 이해가 돼? 잘 안 될 거야. 그런데 이것이 이야기하는 바는 사실 아주 중요해. 아리스토텔레스는 책을 시작할 때 책의 성격이나 자신의 사상을 함축해서 표현하는 문장으로 시작하고 있거든. 예를 들어 볼까? 그의 또 다른 저서인 《정치학》의 서문은 이렇게 시작해.

"인간은 무릇 정치적 동물이다."

아리스토텔레스의 또 다른 역작인 《시학》은 이렇게 시작하지.

"예술은 모방의 기술이다."

어때? 《정치학》이나 《시학》의 경우는 척 보면 무슨 말을 하는지 감이 오지? 반면 《니코마코스 윤리학》은 무슨 말을 하려는 건지 이해가 잘 안 될 거야. 무엇보다 아리스토텔레스가 이야기하는 '선'이라는 게 무슨 의미인지 잘 와 닿지 않잖아. 일단 선하다 할 때 쓰는 착할 '선(善)' 자를 생각할 수 있어. 하지만 첫머리에 나오는 선을 '착하다'라고 번역하기에는 무리가 따르지.

'선' 혹은 '좋음'으로 번역된 그리스어 원어는 '아가톤(agathon)'이야. 이게 라틴어 '좋음'을 뜻하는 '보눔(bonum)'을 거쳐(이와 대립되는 '말룸malum'은 '나쁨'이 돼) 영어 '굿(good)'으로 번역됐어. 그래서 이걸 우리는 '선'으로 받아들였지. 하지만 앞서 소개한 《니코마코스 윤리학》의 1권 1장의 첫머리는 좋은 번역이라고 할 수 없어. 《니코마코스 윤리학》에서는 '착하다'의 개념과 '좋음'의 개념이 뒤섞여 있기 때문이야. 그러니까 글의 내용에 따라 '좋다' 혹은 '착하다'를 선택해서 써야 해.

뭐? 시작부터 골치 아프다고? 그렇지 않아. 복잡하게 생각하지 말고 간단히 이해하면 돼. '선'은 일반적으로 '착하다'

의 개념이잖아? 그런데 이게 사람의 경우에는 괜찮겠지만 (착한 사람, 나쁜 사람이라는 건 말이 되니까), '물건'의 경우라면 어떨까? "이건 좋은 컴퓨터야"라는 말은 있어도 "이건 착한 컴퓨터야"라는 말은 좀 이상하잖아?

다른 경우를 한번 생각해 보자. "그는 좋은 의사야"라는 말과 "그는 착한 의사야"라는 말은 비슷하면서도 의미는 사뭇 달라. '좋은 의사'는 의사로서 기술은 좋을지 몰라도 인간성에 대한 부분까지는 아직 확인이 되지 않은 느낌이야. 반면 인간성이 좋은 의사란 뜻은 '착한 의사'라는 표현에 그 의미가 이미 담겨 있는 것 같지?

그러니까 일단 여기서는 아리스토텔레스가 '선'이라고 지칭한 것을 '좋음'으로 생각해 보자. 즉 '선=좋음'이라고 보자는 말이야. 이렇게 이해하고 《니코마코스 윤리학》 1권 1장의 첫머리를 다시 살펴보기로 할까?

"모든 기예와 모든 탐구 그리고 마찬가지로 모든 행위와 합리적 선택은 어떤 '좋음'을 목표로 하는 것처럼 여겨진다. 그렇기 때문에 사람들은 '좋음'을 두고 모든 것이 추구하는 것이라고 올바르게 규정해 왔다."

이렇게 놓고 보면 《니코마코스 윤리학》의 이 내용은 일종의 '선언'이라고 할 수 있어. 마치 아리스토텔레스가 이렇게 이야기하는 것 같아.

"사람이 살아가면서 하는 다양한 행동 있잖아? 밥을 먹거나, 공부를 하거나, 기술을 익히거나 혹은 휴대전화를 살 때 요모조모 따져 보고 가격을 비교하는 이 모든 행동이 결국은 '좋음'을 목적으로 하는 거야." 

어때? 좀 이해가 돼? 어렵게 보지 말고 상식적으로 생각하라니까. 우리가 나쁘게 되길 바라고 선택하는 경우는 거의 없잖아? 일부러 맛없는 음식을 찾아서 먹거나, 휴대전화를 살 때 성능 떨어지는 걸 일부러 비싸게 사려고 하진 않으니까 말야. 그렇다면 왜 우리는 좋은 걸 찾는 걸까? 이런 질문을 친구들에게 하면 다음과 같은 반응이 올 거야.

"아니, 그럼 일부러 나쁜 걸 찾으라고?"
"같은 값이면 맛있는 거 먹고, 좋은 거 입고, 성능 좋은 휴대폰 사는 게 상식 아냐?"

맞아. 당연한 말이야. 너무 당연해서 우리는 스스로에게 묻지 않아. 상식이니까. 그런데 아리스토텔레스는 이 당연한 사실에 의문을 던지는 거야.

"너희는 당연하게 좋은 걸 선택하지? 그런데 대체 왜 그렇게 하는 거야?" 

왜 그런 걸까? 생각해 봤어? 나쁜 것과 좋은 것 사이에서 사람들은 왜 좋은 것을 선택하지? '좋은 걸' 추구하는 삶을 사는 이유를 깊이 생각해 본 적 있어? 너무도 당연한 선택이기에 지금까지 고민해 본 적 없었지?

당연하고 단순한 질문을 하는 이유

하지만 아리스토텔레스는 《니코마코스 윤리학》의 시작을 이 '당연한 것'을 질문하는 내용으로 시작해. 왜 사람들은 좋은 걸 선택하는 걸까? 이렇게 말이야. 좀 바보 같지? 그런데 이 '단순한' 질문과 대답이 층층이 쌓여서 하나의 '해답'으로 귀결돼.

아리스토텔레스의 사고 과정을 쉽게 말하자면 이렇게 돼. "인간이 좋은 걸 선택하는 이유는 행복해지기 위해서야. 그런데 행복이 뭐야? 행복이란 걸 본 적 있어? 내가 생각하는 행복은 이런 거야…. 그렇다면 행복해지려면 어떻게 해야 할까? 이건 내 생각인데, 한번 들어볼래…?" 어때 듣다 보니 지난번에 소크라테스가 했던 말이 생각나지 않아?

"캐묻지 않는 삶은 살 가치가 없어!"

그래 맞아. 아리스토텔레스는 정말 집요하게 '행복'이 뭔

캐묻지 않는 삶은
살 가치가 없어!

지에 대해 캐물은 거야. 그 과정을 적은 것이 바로 《니코마코스 윤리학》의 뼈대가 된 셈이지. 어때? 살짝 맛만 봤는데도 뭔가 어렵지? '선'이라는 용어부터 해석하면서 글을 읽어야 한다고 생각하니 시작부터 숨이 콱 막힐 거야. 안타깝지만 책장을 넘길 때마다 '해석해야 하는 용어'와 '설명이 필요한 개념'이 넘쳐 나. 그 때문에 어렵다고 느낄 수도 있겠지만 겁먹을 필요는 없어. 핵심을 알면 간단하니까. 이거, 선생님들이 자주 하시는 말씀이지 않아? 아무튼 《니코마코스 윤리학》은 이렇게 간략히 설명할 수 있어.

"아리스토텔레스의 행복 강의!"

아침 방송에 나오는 행복 전도사나 긍정 심리학자들이 말하는 주제와 똑같은 거야. 다시 말하지만 옛날이나 지금이나 사람들이 생각하는 건 비슷하고 고민하는 대목도 같기 때문이야. 2400년 전이나 지금이나 '행복'이란 건 풀리지 않는 문제라는 거지. 행복에 대한 정확한 답을 알고 있다면, 굳이 이렇게 공부할 필요도 없고, 좀 배웠다는 사람들이 너나없이 덤벼들어 '행복'에 관한 책을 쓸 필요는 없지 않겠어?

이건 내 개인적인 생각이긴 한데, '행복'에 대한 해답은 사실 이미 나왔다고 봐. 《니코마코스 윤리학》이 그 증거라고 할 수 있어. 2400년 전에 '행복'에 대해 치열하게 고민한 위대한 철학자의 고뇌가 담긴 산물이기 때문이지. 아리스토텔레스만이 아니야. 세상의 수많은 철학자가 '인생'과 '행복', 그리고 '삶의 의미'에 대해 고민한 책이 우리 주위에 넘쳐나고 있어. 그런 책을 읽다 보면 결국 한 가지 사실에 도달하게 되지.

"아, 사람들의 생각이란 게 비슷비슷하구나…."

진리를 아는 것 vs. 진리를 실천하는 것

그래 맞아. 진리는 의외로 단순해. 그러니까 사람들의 생각이 비슷하다기보다는 진리가 하나이기 때문이라고 볼 수도 있을 거야. 그런데 대체 왜 우리는 여전히 '행복'에 대한 답을 찾아 헤매는 걸까? 간단해. 실천을 하지 않아서야. 이건 사실 '꽤' 어려운 문제이긴 해. 머리로 알고 있는 것과 그걸 몸소 실천하는 것, 그 사이의 간극이 엄청나게 크기 때문이지.

이 책을 읽는 여러분도 돈 많이 벌고, 행복하게 살고 싶을 거야. 그런 생각은 누구나 할 수 있어. 하지만 문제는 그걸 행복이라고 생각하면서도 실제로는 그것을 위해 실천하지 않는다는 데 있지.

이런 이야기를 꺼낸 이유는《니코마코스 윤리학》을 본격적으로 읽기 전에 이 책을 단지 '지식'으로만 대하지 말라고 당부하기 위해서야. 거칠게 얘기해서 고전으로 만나는 진짜

행복은 우리 인생의 이정표와도 같다.

세상 시리즈 1권에서 소개한 플라톤의 《국가》가 철학하는 자세를 말해 준 책이라면, 2권인 《니코마코스 윤리학》은 그렇게 배운 '철학하는 방법'을 통해서 인생 최대의 난제인 "어떻게 살아야 하지?"에 대한 해답을 구한 책이라고 할 수 있어. 그러니까 이 책은 시험을 위해 봐야 하는 책은 아니야. 시험을 준비하기 위해 책의 중요 부분을 발췌해서 달달 외우는 경우가 많잖아? 하지만 이 책은 그런 식으로 외우고 학습할 대상이 아니야. 이 책은 곰곰이 생각해야 하는 책이야.

"아리스토텔레스는 '행복'을 이렇게 생각했구나. 그럼, 이것만 외우면 행복해지는 거야?" 

"야! 외운다고 행복해지냐? 아리스토텔레스 의견을 참고해서 '앞으로 우리 인생을 이렇게 꾸려가 보자'라고 생각해야지!" 

"아! 그런 뜻이었어?" 

어때? 무슨 말인지 알겠지? 이 책을 보면서, 스스로의 인생을 떠올려 봐. 그리고 생각해.

"나는 왜 사는 거지?"

"나는 어떻게 살아야 하지?"

"내 삶의 목적은 뭐지?"

그렇게 생각하고 또 생각해야 해. 아리스토텔레스가 남긴 《니코마코스 윤리학》은 인생의 길을 가는 도중에 만나는 하나의 이정표와 같아. 그것을 보고 그 길을 갈지 말지는 각자의 선택에 달려 있는 거야. 지금까지 길게 설명했으니 이 책을 어떻게 읽어야 하는지 제대로 이해했겠지? 자, 그럼 본편으로 들어가 볼까?

6 행복을 찾아 떠나는 여정

《니코마코스 윤리학》은 모두 10권으로 구성된 책이야. 앞에서 1권 1장 내용 봤지? 1권은 '좋음과 목적'으로 시작해. 왜 사람들이 좋은 걸 찾는지 그 이유를 찾는 것으로 책을 시작해. 10권은 '즐거움'에 관한 이야기야. 그러니까 한마디로 《니코마코스 윤리학》은 행복에 대한 성찰로 끝이 나는 거야. 전체적인 윤곽은 파악했지? 그럼 각권의 주제와 책의 내용을 설명할게.

《니코마코스 윤리학》의 내용

● **제1권**

1권은 기본적으로 인간이 추구해야 할 '좋음'과 '행복'에 대해 설명했어. 주목해 봐야 할 부분은 행복에 대한 내용이야. 행복이 도대체 뭔지, 행복이 어떤 의미이고, 이 행복을 얻는 법에 관해 자세히 설명하고 있어.

특히 주목해서 봐야 하는 내용은 1권 4장에 나오는 '행복의 정의', 그리고 5장에 나오는 '참된 행복'이 무엇인지에 관한 것, 7장 행복의 의미에 관한 대목이야.

● **제2~3권**

2권부터는 '덕(德)'에 관한 이야기가 나와. 도덕적인 덕과 습관, 선과 중용(中庸)의 관계, 중용에 도달하기 위한 방법 등등이 나와. 용어가 어렵지? 나중에 자세히 설명하겠지만 여기서 간략히 아리스토텔레스의 생각을 알려 줄게. 덕이란 걸 얻으려면 어떻게 해야 할까? 아리스토텔레스는 이렇게 주장했어.

"덕은 지나치거나 부족한 걸 피하고, 딱 '중간'에 있으면 자연스럽게 얻어져." 

"그게 무슨 말이에요? 앞으로 나서지 말라는 이야기예요?" 

"아니, 그건 눈치 보는 거고! 돈을 예로 들어 보자. 돈을 함부로 쓰면 낭비한다고 주변에서 뭐라고 할 거야. 반대로 너무 안 쓰면 인색하다고 하겠지? 그러니까 낭비하거나 인색하지 않게 중간에서 적당히 쓰는 거. 그런 게 내가 말하는 중용이야." 

아리스토텔레스는 중용에 관해서 4권까지 계속해서 이야기해.

• **제4권**

3권에 이어 중용에 관한 설명이 계속돼. 3권 중반부터 4권까지는 중용에 관한 예를 들면서 설명하고 있어. 내용을 간략히 보자면 이런 거야.

"용기가 무엇일 거 같아? 두려움과 무모함 중간에 있는 거야."

"왜 그게 중간에 있어? 용감하려면 화끈하게 끝까지 붙어 봐야지!"

"그건 무모한 거야! 네 앞에 깡패 일당이 있다 치자. 무서워하면서 고개를 푹 숙이고 돈을 뜯겨. 이건 두려움이야. 반면 칼 든 깡패 앞에서 한번 찔러 보라면서

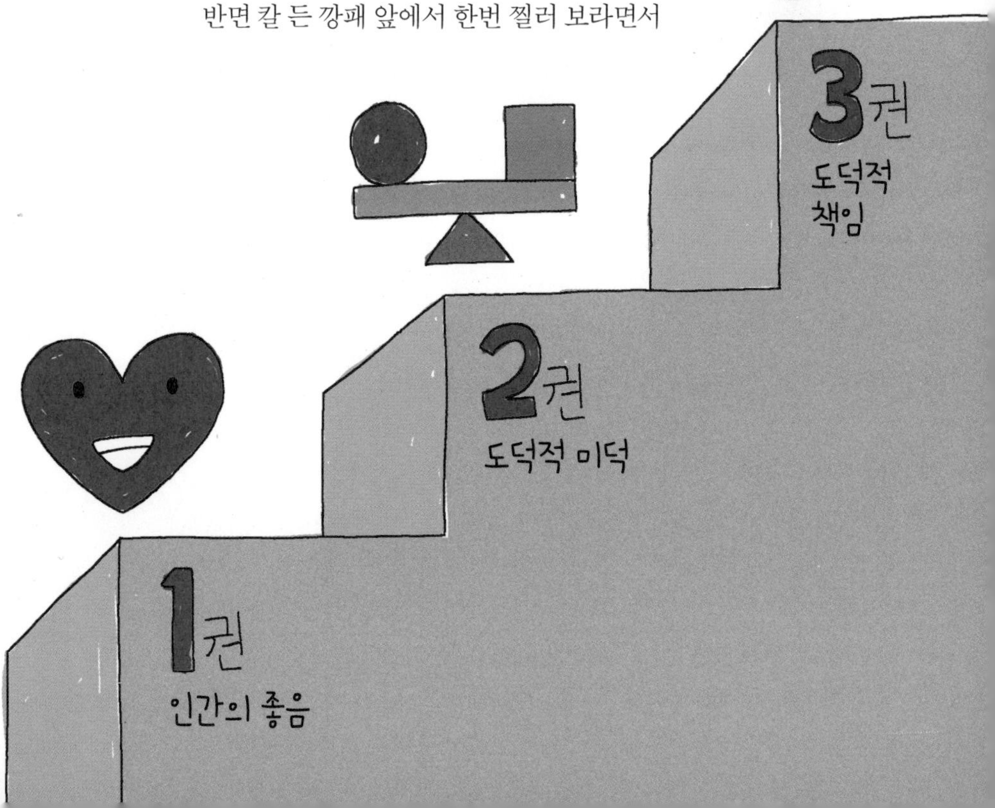

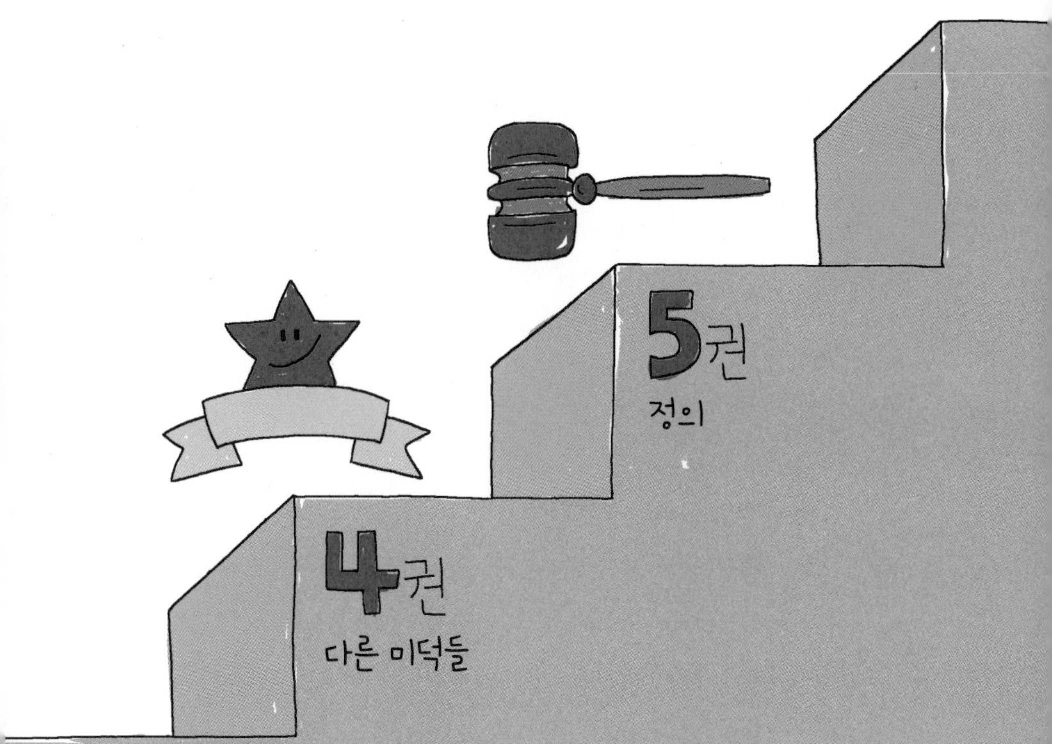

눈을 부릅뜨고 옷 벗고 덤벼들지? 이건 무모한 거야."

"그럼 용감하다는 건 뭐야?"

"칼 든 깡패 일당은 무섭지만, 두려움을 극복하고 그들 앞에 당당히 서는 거야. 물론 주먹 쥐고 말야."

이런 식으로 아리스토텔레스는 각각의 중용에 관해 설명해.

● **제5권**

5권은 '정의'에 관해 이야기해. 플라톤이 '정의'에 대해 열변을 토하던 게 생각나지? 그런데 아리스토텔레스의 정의론은 스승과는 좀 달랐어. 원래 정의 같은 거창한 단어가 나오면 뜬구름 잡는 소리를 하는 경우가 빈번하잖아? 이와 달리 아리스토텔레스는 동물학자(?)답게 '분석'을 해.

그래서 정치적 정의, 교환적 정의, 자연적 정의, 법적 정의 등등을 아주 상세히 이야기하고 있어. 말 그대로 정의를 씹고, 뜯고, 맛보고, 즐기는 수준이야.

● 제6권

6권에서는 지적인 덕에 관해 이야기해. '덕'이란 말이 또 나오니 어렵게 느껴지지? 맞아. 상당히 어려워. 아리스토텔레스는 앞에서 '정의'를 말한 것처럼 지적인 덕도 씹고, 뜯고, 맛보고, 즐기듯이 분석하고 있어. 우리도 맛을 좀 볼까?

"도덕적 행위의 시작은 합리적 선택이야."

"합리적 선택을 하려면 어떻게 해야 해?"

"좋은 질문이야! 합리적 선택은 올바른 욕구와 진리를 추구하는 '이성'에서 시작해."

"갈수록 어려워지잖아! 한마디로 설명 안 돼?"

"아직 시작도 안 했어!"

"그래서 뭘 말하고 싶은 건데?"

"그러니까, 지성과 사유가 없거나 도덕적 품성이 없으면 옳은 선택을 할 수 없어."

"야! 너 지금 한국말 하는 거 맞아?"

대충 이런 식이야. 이런 이야기가 이어져. 계속, 쭉, 책 끝날 때까지 말야.

● **제7권**

자제, 자제력 없음, 쾌락에 관해 이야기해. 여기서 주목해서 볼 부분은 '쾌락'이야. 쾌락은 과연 나쁜 걸까? 그걸 알려면 일단 쾌락이란 말부터 이해해야겠지? 사전을 찾아보면, 쾌락이란 '무엇으로 인하여 즐겁고, 들뜬 느낌'이라고 이야기하고 있어. 이 때문에 게임을 좋아하는 사람이 게임에 빠지는 것, 도박을 좋아하는 사람이 도박에 미치는 것같이(중독되는 경우도 있지) 대부분 좋지 않은 쪽으로 생각하게 돼.

"쾌락? 단어 자체가 좀 그렇지 않나요?" 
"왜?" 
"좋은 느낌이 아니라는 느낌적 느낌이 들어서…." 

이처럼 사람들은 쾌락을 긍정적이지 않다고 생각하는 경향이 있어.

"젊을 때 놀면 나이 들어 후회한다!" 

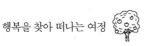

"열심히 일해야지, 지금이 놀 때야?"

"게임만 하다간 게임에 중독 돼! 그러면 안 되잖아!"

뭐, 대충 이런 식이지. 하지만 아리스토텔레스는 늘 그랬듯 쾌락에 관해서도 세밀하게 분석해. 쾌락에는 육체적 쾌락도 있고, 도덕과 관련 있는 쾌락도 있고, 순수한 사유와 결합된 쾌락도 있고…. 이런 식으로 쾌락에 대해 깊은 고민을 하지. 여기서 아리스토텔레스가 쾌락을 어떻게 생각했는지를 알 수 있어.

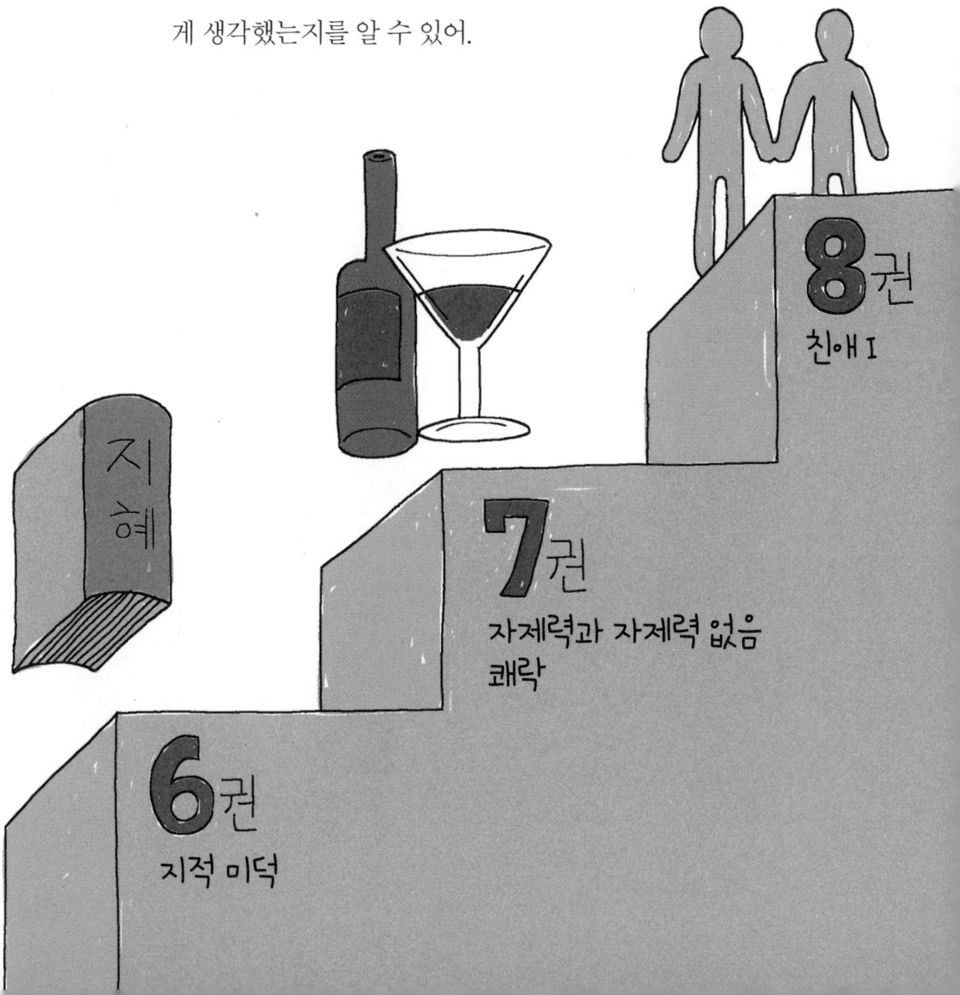

"쾌락은 추구하기 때문이 아니라, 그것을 지나치게 추구하기에 나쁜 거다."

어때? 맞는 말 같아? 머리 식히기 위해서 잠깐 게임하는 건 이해할 수 있는데, 피시방에서 3박 4일 동안 줄곧 게임만 한다고 생각해 봐. 이건 좀 문제가 있는 거잖아?

● 제8~9권

유명한 '친애(親愛, philia)'에 관한 이야기가 나와. 친애라는 말이 좀 낯설지? 쉽게 말해서 '우정'이나 '우애'라고 보면 돼.

그러니까 8~9권은 우애의 필요성, 우애의 종류, 인생에 친구가 얼마나 중요한지 등 우정에 관한 총체적 분석이라 생각하면 돼.

● **제10권**

쾌락과 행복에 대해 이야기해. 지금까지 설명한 내용의 최종 결론이라고 해야 할까? 아리스토텔레스는 행복에 대한 자신만의 정의를 내려. 행복이 뭔지에 대해 확실한 결론을 내리는 거야. 그리고 그 기준에 맞는 최고의 삶에 대해 말하지.

자, 여기까지가 《니코마코스 윤리학》 10권에 관한 간략한 설명이야. 어때, 읽어야겠다는 생각이 들어? 책 구성을 보면 잘 알겠지만, 아리스토텔레스는 하나의 주제가 등장하면 그걸 끝까지 물고 늘어져. 그야말로 깊은 사고를 통해 물고, 뜯고, 맛보고, 즐기는 방식이야. 매 권 이런 서술 방식이 꼬리를 물고 이어져.

《니코마코스 윤리학》에 등장하는 핵심용어나 개념들은 일단 어려워. 어디서 본 듯한 단어여서 언뜻 이해가 가는 것 같다가도 제대로 파악하기가 쉽지 않아. 더 큰 문제는 이러한 개념들이 서로 연결돼 있다는 거야. 한마디로 띄엄띄엄 읽기가 어렵단 소리지.

그러니까 여러분이 무턱대고 《니코마코스 윤리학》 원전

을 찾아 읽겠다면, 말리고 싶어. 대학생들도 이 책을 읽기는 힘에 부치거든. 그래서 고민 끝에 생각한 게 있어. 이 책에서는《니코마코스 윤리학》에서 정말 중요하다고 생각하는 핵심 '개념' 몇 개만 추려 그것을 중심으로 설명할까 해.

그 순서는 다음과 같아.

《니코마코스 윤리학》의 핵심 개념

첫째, 행복.
둘째, 덕.
셋째, 중용.

이 세 개의 주제를 가지고《니코마코스 윤리학》의 주요 내용을 담아내려고 해.

7

행복(幸福)

아리스토텔레스 '행복 강의'의 시작은 행복을 정의 내리는 것에서 시작해.

"에이, 행복은 행복이지. 행복을 뭘 정의하고 그래요?"

이렇게 말할 수도 있겠는데, 한번 생각해 봐. 행복이 뭔지 알아야 행복해지든, 불행해지든 할 거 아냐? 행복이 뭘 거 같아? 아마, 이런 질문을 받는 순간 여러 가지 생각이 머릿속을 스쳐 지나갈 거야. 내가 장담하는데 그 스쳐 지나간 생각들 중 90퍼센트는 아리스토텔레스가 말하는 '행복'은 아닐 거야.

행복이란 무엇일까?

우선 아리스토텔레스가 말하는 '행복'이 어떤 건지부터 알아보자.

❶ 여럿의 행위들, 기예들, 학문들이 있기 때문에 그 목적들

도 또한 많게 되는 것이다. 왜냐하면 의술의 목적은 건강이고, 배를 만드는 기술의 목적은 배이며, 용병술의 목적은 승리이고, 부유함은 집안 경영[家計]의 목적이기 때문이다. 그러나 이러한 것들 가운데 어떤 것들은 어떤 하나의 능력 아래에 놓여진다. 예컨대 말굴레 제작술과 마구(馬具)의 제작술에 관계되는 다른 모든 기예는 마술(馬術) 아래에 놓여지고, 그리고 이것과 전쟁에서의 모든 행위는 용병술 아래에 놓여지고, 또 이와 같은 방식으로 다른 기예들이 또 다른 기예들 아래에 놓여진다.

❷ 그렇다면, 만일 행위에 의해서 이루어질 수 있는 것들이 그 자체 때문에 우리가 바라는 어떤 목적을 가지고 있다면, 그리고 다른 모든 것들은 이것 때문에 우리가 바란다고 하면, 그리고 우리가 모든 것을 또 다른 어떤 것 때문에 선택하는 것이 아니라면 […] 그렇다면 이 목적이 좋음, 말하자면 최상의 좋음일 것이라는 것은 명백하다.

첫 문단의 핵심은 하나의 기술이나 행위는 스스로 목적이 될 수 있지만, 다른 행동의 수단이 될 수도 있다는 걸 보여줘. 말안장이나 고삐를 만드는 기술은 그 자체만으론 아무 쓸모가 없어.

"말안장을 왜 만드는 거야?"
"네가 말 탄다고 하지 않았어?"
"나? 오토바이 샀잖아. 이제 말 안 탈 거야."
"그럼, 이 말안장 어쩌지?"

이렇게 되는 거야. 말을 타지 않는 사람에게 말안장은 필요 없는 거야. 그러니까 어떤 행위의 목적에는 분명한 '서열'과 '위계질서'가 있음을 알 수 있지. 운전면허를 따는 이유가 뭘까? 당연히 운전을 하기 위해서지. 그럼, 운전을 하는 이유는 뭘까? 이에 대해서는 여러 가지 이유가 있을 거야. 이런 식으로 각 행위에는 분명한 서열이 있다는 거야.

두 번째 문단을 보면, 아리스토텔레스가 왜 이런 이야기를 꺼냈는지 이유가 나와. 서로 다른 행동들에는 위계질서가 있는데, 이렇게 계속 서열을 쫓아 올라가다 보면, 분명 '끝판왕'이 나온다는 거야.

"너, 운전면허는 왜 따려는 거야?"
"몰라서 물어? 운전하려고 따는 거지."
"운전은 왜 하려고? 버스나 지하철 타면 안 돼?"
"그게…. 여자 친구랑 드라이브 하려고."
"드라이브 하려는 게 이유야?"

"아니, 드라이브하면 여자 친구가 좋아할 거 같아서…."

"여자 친구가 좋아하면 뭐가 좋은데?"

"기분 좋게 해 주고 점수도 따야 나중에 결혼할 수도 있고…."

"그럼, 결혼하려고 운전면허 따는 거야?"

이렇게 계속 올라가다 보면, 결국엔 더 물을 수 없는 '**최상의 좋음**'이 나온다는 거야. 그 최상의 좋음이란 뭘까?

❸ 그런데 [최상의 좋음이 무엇인지라는 물음에] 그 이름에 있어서는 대부분의 사람들이 거의 일치한다. 왜냐하면 대중들과 교양 있는 사람들은 다 같이 그것을 행복(eudaimonia)이라고 말하고 또 잘 사는 것과 잘 행위하는 것이 행복함과 같은 것이라고 파악하기 때문이다. 그러나 그들은 행복이 무엇인가에 관해서는 서로 일치하지 않으며 대중들은 지혜로운 사람들의 것과 같은 설명을 내놓고 있지 않다.

드디어 '행복'이 나왔어. 아리스토텔레스란 사람이 얼마나 치밀하고 논리적으로 접근하는지 이제 알겠지? 행복이 최종 목적지라는 선언이 나와. 이 내용을 잘 보면, 일반인들은 행복이란 잘 사는 '상태'와 행복함과 같은 '감정'으로 바라본다

는 걸 알 수 있어.

아리스토텔레스가 이야기를 풀어 가는 방식을 잘 기억해 둬. 가만히 보면 아리스토텔레스가 '과학자'처럼 생각한다는 느낌이 들지 않아? 아리스토텔레스는 '행복'이라는 주제를 가지고 연구를 시작한 거야. 《니코마코스 윤리학》은 아리스토텔레스의 연구논문이라고 봐도 돼. 오늘날로 치자면, 사회학자의 모습이랄까? 치밀한 논리를 가지고 행복을 정의 내리고, 분석해 나간 거야. 어느 날 갑자기 생각나는 대로,

행복을 분석한 아리스토텔레스

이야~, 이분 진짜 과학자 같아!
아리스토텔레스는 자연 탐구를 중요하게 생각하지. 그 때문에 물리학, 천문학, 생물학 등에 영향을 끼쳤어. 그의 과학적 방법론이 과학 분야의 시초가 된 셈이야.

"내가 살아 보니까 행복은 이런 것이었어." 하고 말한 게 아니라 "A는 이런 반응을 보였고, B는 이런 경우 이렇게 대응했지. 그러니까 결론은 C야." 하는 식으로 관찰하고 분석해서 생각을 정리했다는 이야기야.

누군가 우리한테 행복이 뭐냐고 물어보잖아? 아마 우리나라 사람들의 반 이상은 이렇게 답할 거라고 생각해.

"넓은 아파트에 살면서 자동차도 한 대 굴리고, 안정적인 가정에서 토끼 같은 자식 낳아 기르면, 그게 행복 아니겠어?"

행복은 '상태'일까?

이게 바로 '상태'야. 이건 행복의 조건은 될 수 있을지 모르지만, 행복이라고 말할 수는 없다는 거야.

"아니, 그게 얼마나 힘든 건데! 행복해진다는 건 이보다 더 어려운 거야?"

이렇게 질문할 수도 있을 거야. 그런데 아리스토텔레스는 이런 '상태'는 아예 처음부터 취급을 안 했어. '감정' 역시 마찬가지야.

"시험 끝나고 피시방 가서 게임을 했는데, 정말 신나더라."

“배고파서 라면을 먹었는데, 그게 참 맛있더라고. 아, 행복해.”

소셜 네트워크 서비스(SNS)도 잘 쓰면 행복감을 느낄 수 있어. 그런데 지나치게 많이 쓰면 어떻게 될까? 자신에게 집중할 시간을 빼앗기게 되고, 타인의 평가와 반응을 지나치게 의식하게 되고, 정신이 피폐해지게 돼. 밥도 마찬가지야. 처음엔 맛있지. 그런데 맛있다고 계속 먹으면 어떻게 될까?

우리가 ‘행복’이라고 생각하는 것들을 잘 떠올려 봐. 거의 대부분 아리스토텔레스의 기준에서 벗어나 있어. 아리스토텔레스는 일반인들이 ‘행복’이라고 말하는 것들이 사실은 행복이 아니라고 역설해. 왜일까?

“세상 뭐 있어? 돈이 최고라니까.”

“돈이 최고라고? 돈이 널 행복하게 해 줘?”

“당연하지!”

“지금 네가 번 돈 다 짊어지고 히말라야에 가 봐.”

“무슨 소리야? 그게?”

“마트도 편의점도 없는 곳에서 돈만 잔뜩 움켜쥐고 있으면, 그게 과연 행복한 삶일까? 돈이란 건 물건을 살 수 있을 때만 너한테 중요한 거 아냐?”

“…!”

돈은 수단일 뿐이야. 돈 자체가 행복을 줄 수는 없지. 그럼, 아리스토텔레스가 말하는 행복은 어디서 시작되는 걸까? 아리스토텔레스는 활동에서 행복을 찾았어. 과연 어떤 **활동**일까?

"인간의 좋음은 탁월함(덕)에 따르는 영혼의 활동이다."

아리스토텔레스는 인간이 아니면 잘할 수 없는 고유한 기능에서 행복을 찾으려 했어. 인간이 다른 동물과 다른 게 뭘까? 이성이지. 이건 너무 깊이 들어가면 어려워져. 나중에 대학에서 철학을 전공하든가, 원전을 붙잡고 씨름하다 보면 알게 될 거야. 여기서 우리가 주목해야 하는 건 '활동'의 의미야.

"돈 많이 버는 게 내 인생의 목표야! 돈만 있으면 행복해질 수 있어!"

"그래? 넌 돈만 많이 벌면 행복하다고?"

"그렇지!"

"돈을 벌기 위해서 마약을 만들어서 판다고 생각해 봐. 그래도 좋아?"

"뭐? 마약? 도… 돈만 많이 벌면 조, 좋아!"

"알았어. 그런데 그건 법을 어기는 행동이란 거 알지? 경

찰들이 널 잡아가려고 준비하고 있는데도 좋아?"

"아, 안 걸리면 되지!"

너무 극단적인 예를 들었나? 조금 수위 조절을 해 볼까?

"너 공부 열심히 한다? 이번에 성적 좀 오르겠는데?"

"나라고 하고 싶어서 공부하는 줄 알아?"

"어, 진짜? 공부하는 모습 보니까 완전히 마음잡은 줄 알았지. 게임도 끊었다면서?"

"우리 엄마가 이번에 성적 못 올리면, 핸드폰 정지시키고, 용돈도 안 준다고 했거든…."

"야, 너 진짜 힘들겠다."

공부를 하긴 하는데, 분명한 목적이 있는 건 아니야. 왜 하는지 모르고 하기 싫지만, 시키니까 억지로 해. 이 악물고 열심히 공부한 덕에 성적이 올라 결국 좋은 대학에 갔어. 자, 그러면 과연 행복해질까? 대한민국 30~40대 남성들 중에 이런 말을 하는 사람을 흔하게 볼 수 있어.

"어쩌다 인생이 이렇게 됐지? 나 자신의 존재감은 없고, 누구 아빠, 누구 자식, 누구 남편으로만 살고 있어!"

아침마다 힘들게 출근해. 직장에서 팀장에게 만날 잔소리 들으면서 일해. 겨우 퇴근하려고 준비하는데 오늘은 야근하래. 겨우 끝내고 돌아가려는데, 이번엔 부장이 붙잡아. 집에 가기 전에 한잔하고 가라는 거야. 다람쥐 쳇바퀴 돌듯 살다 보니 대체 왜 이렇게 사는 걸까 하는 회의감이 들지. 이건 남녀 구분 없이 사회생활 중에 겪게 되는 일이야. 그때 가장 많이 하는 말이 바로 이거야. "어쩌다 인생이 이렇게 됐지?"

아리스토텔레스가 행복을 '활동'에서 찾은 이유

아리스토텔레스는 '활동' 그 자체를 즐겨야 한다고 말했어. 활동이 목적이 돼야 한다는 거지. 여기서 우리는 다시 《니코마코스 윤리학》 처음의 문장을 떠올려 봐야 해.

"모든 기예와 모든 탐구 그리고 마찬가지로 모든 행위와 합리적 선택은 어떤 선을 목표로 하는 것처럼 여겨진다."

그래. 목적이야. 활동 그 자체가 목적이 돼야 하는 거야. 이걸 뒤집어서 생각해 본다면 어떨까?

"삶에 목적이 있는 사람이 행복하다."

이렇게 해석할 수 있지 않겠어? 《니코마코스 윤리학》을 보면 행복에 대한 논리적 해석을 근거로 수많은 방법이 나오는데, 그 핵심이 바로 이거야.

어떤 학생이 미친 듯이 공부를 해. 공부 자체를 즐기는 것

일 수도 있지만, 누가 시켜서 하는 것일 수도 있겠지. 그런데 이 학생이 수학능력시험을 보다 치명적인 실수를 했네? 결국 1년 재수를 하게 됐어.

"젠장, 내 인생 왜 이래? 왜 답안지를 잘못 써서…."

이렇게 한탄하며 시간을 낭비할 수도 있겠지. 그런데 이 학생에게 대학에 가려는 분명한 '목적'이 있다면 어떨까?

"실수하긴 했지만, 이번엔 꼭 의대에 들어가서 슈바이처 박사 같은 훌륭한 의사가 될 거야!"

인생의 목적이 분명하다면, 그 목표로 향하는 과정에서 겪게 되는 시련이나 고통을 충분히 이겨낼 수 있지 않을까? 하지만 의대에 들어가는 목적이 없는 경우를 생각해 봐.

"요즘 먹고살기 얼마나 힘드니? 의사는 돈 걱정 없다더라."
"의사 자격증만 있으면, 평생이 보장돼!"

주변에서 하는 이런 이야기를 듣고 의대를 선택하는 경우가 많아. 한국을 두고 '알람사회'라고들 말해. 사회적 알람이 계속 울린다는 건데, 쉽게 말하면 이런 거야.

"중학교 졸업했어? 그럼 고등학교 가야지."

"고등학교 들어갔으면 당연히 대학 입시 준비해야지."

"대학 졸업했어? 그럼 이제 취업해야겠네."

"취업했다고? 이제 결혼만 하면 되겠구나!"

"결혼 축하해! 애는 몇이나 낳을 거야?"

이런 식이야. 알람시계 울리듯 때가 되면, 주변에서 말을 꺼내. 어떤 건 당연하단 듯 대신 결정을 내려 주기도 하지. 하지만 이렇게 살다 보면 결국 이런 생각이 들지.

"이게 내 삶이야? 아니면, 부모님 삶이야? 솔직히 나만 그런 건 아닌 거 같은데…. 이건 뭐, 대한민국이 내 인생을 대신 살아 주는 거야?"

붕어빵 찍어 내듯 비슷비슷한 삶을 강요당하는 거야. 그게 표준이라면서 말이야. 이렇게 살지 않으면 힘들다는 이야기도 듣게 돼. 이런 식으로 다른 사람의 뜻에 따라 사는 삶이 과연 내가 의도한 삶일까? 왜 학교에 다녀야 하는지도, 왜 취업을 해야 하는지도, 왜 결혼을 해야 하는지도 몰라. 그냥 하라니까 때 되면 하는 거야.

이렇게 살면 언젠가 '탈'이 나. 내 인생을 남의 인생처럼 살다 보니 '이게 내 삶인가?' 하는 말이 튀어나오는 거야. 이건 한탄일 수도 푸념일 수도 있지만, 그 한가운데에는 '변명'이 숨어 있어. 자기 인생에 대해 변명을 하는 거지.

"자식을 위해서."
"아내를 위해서."
"자식으로서 부모님을 실망시키지 않기 위해서."
"한 사람의 사회인으로서 지켜야 할 도리 때문에."

이처럼 내가 아닌 다른 곳에서 이유를 찾아 끊임없이 변명하는 거야. 왜 그럴까? 자기 인생에 목적이 없기 때문이야. 대한민국의 많은 젊은이가 꿈꾸는 미래의 모습에서 가장 중요하다고 생각하는 것 하나를 꼽으라면, 거의 대부분이 '돈'을 말해. 우리 삶에 돈이 중요하긴 하지만 그것이 인생의 목적이 될 수는 없어. 돈을 빼고 행복을 생각해 보자.

"네 인생의 목표가 뭐야?"

아마, 대답하기 어려울 거야. 그러나 이건 언젠가 스스로 대답해야 할 문제야. 대답이 늦어진다면 그만큼 인생은 피곤해질 거야. 대답을 못 한다면 '내가 누구 때문에 이렇게 사는데?' 하며 핑계를 대겠지.

인생이라는 여행길에서 삶의 목표는 나침반이 돼. 길을

헤매거나 잃었을 때 혹은 너무 힘들어서 주저앉았을 때, 목표가 있느냐 없느냐는 엄청난 차이를 보여 줘. 가야 할 곳을 안다면 방법만 찾으면 되는 거야. 간단하지? 그런데 가야 할 곳을 모른다고 해 봐. 그럼 어떨까? 여기저기를 막 들쑤시고 다니다 제풀에 지쳐 쓰러져. 그러다 포기하지.

아리스토텔레스가 말한 행복을 간단히 정리하면?

자, 이제 아리스토텔레스가 말한 행복을 정리해 볼까 해. 크게 세 가지만 기억해. **첫째,** 인생의 목표는 행복이다. 당연한 말 같지? 그러나 의외로 많은 사람들이 이 사실을 잊고 살아. 우리는 행복해지려고 태어난 거야. **둘째,** 수단인 건 행복이 아니다. 행복은 수단이 아니야. 지금 하는 것이 '무엇을 위해서' 하는 행동이라면, 그건 행복이 아니야. **셋째,** 행복은 상태나 감정이 아니라 '활동'이다. 이건 쉽게 말하면, 결과보다는 과정이란 의미야. 지금 하는 일을 즐기지 못한다면 행복은 없어. 활동 그 자체가 목적인 삶, 그게 행복한 삶이기 때문이야.

그러니까 이 모든 것의 결론은, **"삶에 목적이 있는 사람이 행복하다"**는 거야. 《니코마코스 윤리학》은 행복에 관해서 참 어렵게 쓴 책이지만, 결론은 의외로 간단해. 어때? 이제 행복에 대해서 감이 좀 잡혔어?

우선 우리가 할 일은 인생의 목적을 찾는 거야. 확고부동한 인생의 목표를 세워 봐. 물론 그 목표가 '수단'이 돼서는

삶에 목적이 있는 사람은 행복하다!

안 돼(돈은 수단인 거 알지?). 결론만 보면, 행복해지는 게 의외로 쉬워 보이지? 이제 자신에게 질문을 던져 봐.

"내 인생은 어디로 가고 있는 걸까?"

"내가 가야 할 인생의 방향은 어디일까?"

"이 목표가 내 인생을 걸 만한 가치가 있는 걸까?"

이 질문들은 여러분을 행복으로 이끄는 시작점이 될 거야.

8

덕(德)

아리스토텔레스가 말한 덕(德, 어진 행위) 혹은 덕성(德性)에 관한 이야기를 처음 접했을 때 내가 느낀 감정은 크게 세 가지였어.

첫째, 이게 2400년 전에 쓴 책이 맞구나.
둘째, 행복엔 조건이 많구나. 역시 인생은 '운'이구나.
셋째, 습관을 잘 들여야 하는구나.

2400년 전에 쓰인 글이기에, 같은 말이지만 개념이 달랐고, 그 당시 가치관과 지금 가치관이 다르기에 받아들이기 어려웠어(세종대왕 시절 한글을 지금 우리보고 읽으라면 제대로 읽을 수 있겠어?).

여기서 가치관 대목을 잘 생각해 봐야 해.

"너, 10억 줄 테니까 교도소에서 1년 있다 나올래?"

"야! 너 날 뭘로 보는 거야? 10억?"

"아… 그러니까, 미… 미안…."

"5억만 줘도 돼!"

자본주의 사회는 어떻게 작동하고 있을까?

돈이 궁할 때 이런 제안이 들어온다면 넘어가는 사람 꽤 있을 거야. 지금 우리가 살고 있는 현대 사회는 '자본주의'라는 시스템이 작동하고 있어. 자본주의에 대한 정의가 워낙에 많아서(나라마다 자본주의 스타일이 조금씩 다르지) 일률적으로 설명하긴 그렇지만, 간단히 말해서 시장경제를 인정하고 사적 소유권을 지켜 주지(네가 일한 만큼 번다는 소리야). 이러다 보니 '돈'이 곧 세상의 근본이 됐어.

아, 그렇다고 자본주의가 무조건 나쁘다는 건 아냐. 자본주의 덕분에 지금 우리는 이전 세대가 상상도 하지 못한 엄청난 경제적 풍요를 누리고 있지(물론 전 세계적으로 이 '풍요'가 공정하게 분배됐는가 하는 문제는 있지만). 아무튼 우리는 자본주의 세상에 살고 있기에 돈을 모든 가치의 최우선으로 생각하는 경우가 많아. 돈만 주면 나쁜 짓도 할 수 있고, 돈만 주면 양심도 팔 수 있다고 말하는 사람들도 있어.

"뭐니 뭐니 해도 머니(Money)가 최고야!" 이런 생각을 하는 사람은 결국 돈이 많으면 행복하다는 결론에 도달해. 그런데 2400년 전 그리스 사람들(그중에서 특히 아리스토텔레스)

자본주의

은 우리와 다른 생각을 했어.

"도덕적인 사람이 행복하다." 

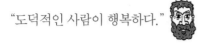

이 말에 동의할 수 있겠어? 고개를 갸우뚱하는 사람이 많을 거야.

"차 안 올 때 다들 무단횡단을 하는데, 나 혼자 파란불 기다리고 있으면… 나만 바보 되는 거 아냐?"

"착한 사람? 요즘 세상에서 법 지키고 살면 바보야. 돈 벌려면 법을 무시해야 해!"

어때? 가치관이 완전히 다르지? 도덕적인 사람이 행복하다고 본 아리스토텔레스가 앞뒤가 꽉 막힌 사람이었냐면, 그건 아냐. 다시 말하지만, 아리스토텔레스는 현실주의자였어. 그는 행복하게 살기 위해 '외적인 조건'이 필요하다는 걸 강조했어.

"좋은 태생, 훌륭한 자식, 준수한 용모와 같이 그것의 결여가 지극한 복에 흠집을 내는 것들이 있다. […] 용모가 아주 추하거나 좋지 않은 태생이거나 자식 없이 혼자 사는 사람은 온전히 행복하다고 하기 어려우며…."

아리스토텔레스가 생각한 행복의 조건

아리스토텔레스가 한 말이야. 아리스토텔레스는 행복해지기 위해서는 어느 정도의 재산, 외모, 자식 등등의 '외적인 선'이 필요하다고 말했지. 재밌지 않아? 2400여 년 전 사람도 '외모'가 중요하다고 말했으니…. 역시 '외모지상주의'는 인류가 풀지 못한 숙제인지도 몰라. 아무튼 여기서 주목해 봐야 하는 건 두 가지야.

첫째, 행복을 위해서는 일정 수준 이상의 '조건'이 필요하다.
둘째, 이거 말고도 더 필요한 게 있다.

돈이나 외모, 좋은 태생을 갖추기도 힘든데, 이건 '기본 조건'이고, 이것 이상의 뭔가가 더 필요하다고 하니 행복이란 정말 찾기 어려운 것 같아. 솔직히 말하자면, 그냥 '돈'만 찾는 현대인의 행복이 훨씬 도달하기 쉬워 보여. 아리스토텔레스의 말만 들어 보면, "아니, 행복은 그냥 운이잖아! 행복해지는 기본 조건만 보면, 로또랑 다른 게 뭐야? 누군 뭐 이렇게 태어나고 싶어서 태어났나?" 하고 화를 낼 수도 있을 거야. 그런데 이에 대한 아리스토텔레스의 대답이 걸작이야.

"어떤 사람들은 행운을 행복과 동일시하는 것이다."

무슨 뜻인지 알겠지? 돈 많은 집에서 태어난 건 그냥 '행운'일 뿐, 행복이 아니란 소리야.

"우리가 말했던 것처럼 활동이 삶에서 결정적인 것이라고 한다면, 지극히 복된 사람들 중 누구도 비참하게 되지는 않을 것이다. 그는 결코 가증스러운 일이나 비열한 행위들을 하지 않을 테니까. 또 우리는 진정으로 좋고, 분별 있는 사람은 모든 운들을 품위 있게 견뎌 낼 것이라고, 현존하는 것으로부터 언제나 가장 훌륭한 것들을 행위할 것이라고 생각하기 때문이다. 마치 훌륭한 장군이 현존하는 부대를 전략적으로 가장 적절하게 만들어 내며…."

돈 많고, 잘생기고, 교육 잘 받아 행복하다면, 부자들은 죄다 행복해야겠지? 그런데 아닌 사람도 많아. **'지극히 복된 사람들 중 누구도 비참하게 되지는 않을 것이다'**란 말을 곱씹어 봐. 잘나가던 연예인들 중에서 '잘못된 선택'으로 세상을 떠난 이들이 있지? 수천억의 재산을 모은 사람이 한 번의 투자 실패로 알거지가 되는 경우도 있고 말이야. 즉 '기본 조건'이 좋다고 그 '행운'을 계속 지킬 수 있는 것도, 온전히 행복해지는 것도 아니란 소리야.

그다음 말이 중요해.

'우리는 진정으로 좋고, 분별 있는 사람은 모든 운들을 품

위 있게 견뎌 낼 것이라고,'

'왕이 되려는 자, 왕관의 무게를 견뎌라'라는 문구가 생각나는 말이지. 자신에게 주어진 '행운'을 잘 견뎌 내라는 소리야. 다음 문장이 진짜 중요해.

'마치 훌륭한 장군이 현존하는 부대를 전략적으로 가장 적절하게 만들어 내며….'

이게 무슨 말일까? 주어진 병력을 잘 운영해서 이기란 뜻이야. 부자라고 다 행복한 게 아니고, 가난하다고 다 불행한 건 아니란 의미지. 즉 '주어진 환경'을 어떻게 활용하느냐에 따라 얼마든지 행복해질 수 있다는 얘기야.

가난한 사람이 들으면 속이 터질 소리야. 당장 끼니 걱정을 해야 하는 판에 주어진 환경에서 행복을 만들어 내라니…. 그런데 아리스토텔레스가 이 말을 한 이유는 '덕'에 관한 이야기를 하기 위해서야. 덕이 뭘까?

"오타쿠?" 

"어쩌면 오타쿠라고 봐도 되겠지? 자기가 정말 좋아하는 것에 매달려서 즐겁게 사니까. 그런데, 덕후랑은 좀 달라." 

"어질고 착한 행동!" 

“아리스토텔레스 시절의 ‘덕’은 그것과도 좀 달라.”

덕(德)은 우리가 알고 있는 ‘어진 행위’란 개념이 아니라 ‘탁월함’이라고 보는 편이 《니코마코스 윤리학》을 읽는 데 편해. 그리스어 덕(arete)이 지닌 의미는 오늘날 우리가 생각하는 덕과는 의미가 ‘조금’ 달라. 사람뿐만이 아니라 물건과 같은 사물 등을 말할 때 ‘훌

통화품질에서도
최고의 덕을 추구합니다!
가격의 참덕!
최저가 보장!
폭탄 세일
친절 상담
와! 대박!!
보조금 받으면
24개월 할부에…

륭하다', '좋다'라는 걸 표현하는 단어거든.

"네 핸드폰 아주 덕스러운데?"(덕후를 말하는 건 절대 아냐!) 이러면 "네 휴대전화 아주 좋은데?"라고 해석할 수 있어. 지금 우리가 알고 있는 덕과는 꽤 다르지? 한마디로 말해 '기능성'이 좋냐, 나쁘냐의 의미야. 휴대전화를 만든 목적이 뭐야? 통화하려고 만든 거잖아. 그 기능에 충실하면 좋은 거잖아? 그럴 때 '덕스러움'이라고 표현하는 거야.

"인간은 타고난 이성의 능력을 탁월하게 발휘할 때 인생의 궁극적인 목적인 행복을 얻을 수 있다."

아리스토텔레스 윤리학의 목표

아리스토텔레스의 말을 종합해 보면, 이런 결론이 나와. 간단히 말해서 아리스토텔레스 윤리학의 궁극적인 목표는 '행복'이고, 이 행복을 추구하는 방법이 바로 '덕'이란 소리지.

앞에서도 말했지만, 인간만이 아니라 모든 사물에는 저마다의 덕성이 있어. 그런데 여기서 아리스토텔레스가 말하는 덕성은 인간의 영혼을 의미해(인간이 다른 동물들과 다른 게 뭘까?). 영혼이라고 말하니 어렵게 들리지? 쉽게 설명해 볼게.

"말의 가장 큰 덕은 뭐 같아?"
"빠른 거 아냐?"

말의 탁월함은 빨리 달리는 것이다.

"그렇지, 말은 잘 달릴 수 있도록 태어났잖아? 말은 열심히 달림으로써 자신의 덕을 완성하는 거야."

"아니, 말이 잘 달리는 특징만 있는 건 아니잖아? 힘도 세고, 멋있기도 하고…."

"여러 가지 덕이 있으면, 그중에서 가장 탁월한 걸 따르면 돼. 인간도 마찬가지야."

"인간도 마찬가지라니?"

"인간이 다른 동물과 다른 게 뭐야?"

"손이 달려 있는 거?"

"손이야 다른 동물에게도 달려 있지. 인간은 이성이 있잖아!"

"아…."

덕을 실천하는 것이 중요한 이유는 무엇일까?

"그래, 인간 고유의 기능인 '이성'을 잘 활용해서 살아가는 사람이 훌륭한 사람이고, 행복한 사람이야!"

아리스토텔레스는 이성을 가지고 있는 부분을 **'사유의 덕'**, 이성에 따르는 감정을 가지고 있는 부분을 '품성의 덕'이라고 말했지.

사유의 덕을 다시 분류하면, 철학적 지혜, 이해, 실천적 지혜 등이 있고, 관후함과 절제 등등을 품성의 덕이라 불렀어. 그럼 이 덕은 어떻게 생겨나는 걸까? 아리스토텔레스는 자연적으로 주어진 것이 아니라 습관에 의해 만들어진다고 역설했어.

"[…] 우리는 옳은 행위들을 함으로써 옳게 되고, 절제 있는 행위를 함으로써 절제 있게 되며, 용감한 행위를 함으로써 용감하게 된다. […] 무서운 상황 안에서 일어나는 일들을 행함으로써 또 두려워하거나 혹은 배짱 있는 마음을 지니거나 하는 습관을 얻게 됨으로써, 어떤 사람은 용감하게 되고 또 다른 어떤 사람은 비겁한 사람이 되기 때문이다. […]"

아리스토텔레스의 주장은 간단해.

"너, 용감해지고 싶어? 그럼 아주 간단해. 무서운 상황에 한번 뛰어들어 봐."

품성의 상태, 그러니까 그 사람이 용감하다, 절제 있다, 온화하다 등등의 모습은 이에 상응하는 활동을 반복하면서(물론 올바르게 활동해야겠지?) 생겨난다는 거야. 습관이 곧 품성의 덕을 만든다는 소리야. 그럼 습관을 들이는 방법이 뭘까? 바로 '중용'이야.

9

중용(中庸)

유교 경전 중《사서삼경(四書三經)》이란 게 있어. 이 중 사서에 포함돼 있는 게 바로《중용(中庸)》이야. 공자의 손자인 자사(子思)가 집필한 책이야(논란이 좀 있긴 해). 중용의 핵심을 한마디로 정리하자면, 다음과 같아.

군자중용 소인반중용

(君子中庸 小人反中庸, 군자는 중용에 합하고, 소인은 중용에 반한다.)

군자지중용야 군자이시중

(君子之中庸也, 君子而時中, 군자의 중용이란, 군자답게 때에 들어맞게끔 함이며,)

소인지중용야 소인이무기탄야

(小人之中庸也, 小人而無忌憚也, 소인의 중용이란, 소인답게 거리끼는 바가 없음이다.)

군자는 언제나 '중용'을 지킨다는 뜻인데, 이건 기계적인

자사(子思)

공자의 손자였어. 세 살에 아버지를 잃고 할아버지인 공자의 손에 길러졌지. 나중엔 공자의 제자 중 하나인 증자의 제자가 돼. 맹자는 다들 알지? 이 맹자가 자사의 제자의 제자의 문하생 정도 되는 셈이야. 그러니까 공자-증자-자사-맹자로 이어지는 유교의 학맥에서 자사는 꽤 중요한 역할을 한다고 생각하면 돼.

중간이라기보다는 "주변을 잘 살피고, 신중하게 행동하라"는 정도로 이해할 수 있어. 좋게 말하면 신중한 처신이고, 나쁘게 본다면 주변 눈치 보는 거라고 봐야 할까? **소인이무기탄야(小人而無忌憚也)**란 대목을 보면, '눈치'를 보고 살라는 소리인가 하는 생각이 들 정도야. 가끔 높으신 분들이 이런 말을 할 때가 있어.

"여러분의 생각을 알고 싶다. 기탄없이 말해 봐라."

여기서 '기탄(忌憚)'이란 말의 뜻을 글자 그대로 풀어 보면, '어렵게 여겨 꺼림'이라고 할 수 있어. 그러니까 기탄없이 말해 보라는 말은 어렵게 여기는 것 없이 솔직하게 있는 그대로 말하라는 의미야. 그런데 《중용》에서는 이런 행동을 소인배의 행동이라고 말하고 있어. 여기서 중요한 건 때를 잘 살피고, 이야기를 할 상황인지 살피고, 하더라도 분위기에 맞게 하는 거야.

즉 희로애락(喜怒哀樂, 기쁨과 노여움과 슬픔과 즐거움)에 휩쓸리지 않는 마음으로(중용을 지켜서) 때와 장소에 알맞게 처신하는 걸 꾸준히 하다 보면, 이윽고 수신제가치국평천하(修身齊家治國平天下, 자신의 몸과 마음을 바르게 한 사람만이 가정을 다스릴 수 있고, 가정을 다스릴 수 있는 자만이 나라를 다스릴 수 있으며, 나라를 다스릴 수 있는 자만이 천하를 평화롭게 다스릴 수 있다)를 이룰 수 있다는 거지.

아리스토텔레스의 중용

그렇다면, 아리스토텔레스가 말한 '중용'은 어떨까? 언뜻 기계적인 중립을 말하는 것 같은데도, 어느 순간 뒤돌아보면 공자가 말한 중용과 비슷한 개념이 있어.

"적절한 사람에게, 적절한 정도로, 적절한 때에, 적절한 동기를 가지고, 적절한 방법으로 옳은 일을 하면 돼."

그 '적절한'의 기준이란 게 대체 뭘까? 그렇기에 '실천적 지혜(phronesis)'가 필요해. 이걸 가지고 그때그때마다 "이건 아니고, 저건 맞아!" 하면서 판단을 내린다는 거야. 여기서 실천적 지혜까지 설명하자면 이야기가 너무 길어지니까 중용에 집중할게. 아리스토텔레스가 말하는 '중용'은 말하자면 이런 거야.

"사람이 가지는 감정의 특징이 있잖아?"

"어떤 감정? 좀 더 쉽게 설명해 봐."

"욱하는 성격 있지? 성질내면 주변을 모두 초토화시키는 핵폭탄 같은 성격. 반대로 지하 150미터 암반을 뚫고 들어갈 정도로 침울해지는 성격도 있잖아."

"있지. 그런 애들."

"이렇게 감정이 너무 심하거나, 너무 부족하지 않은 상태를 만드는 거야."

"어떻게?"

"주변을 초토화시키는 애들은 마음을 좀 가라앉히고, 지하

150미터 암반을 뚫을 정도로 우울해지는 애들은 마음을 좀 끌어올려 주는 거야."

어때? 유교의 중용이나 고대 그리스 서양철학의 중용이나 비슷한 것 같지 않아? 놀라운 건 불교의 중용도 이와 비슷하다는 거야. 물론 불교의 중용은 조금은 결이 달라. 불교의 중용은 감정을 중간 상태로 만든다는 게 아니라, 진리에 가장 가까운 걸 말해. 그리고 이런 진리를 추구하는 방법으로 팔정도(八正道)를 말해. 바로 수행의 방법이야.

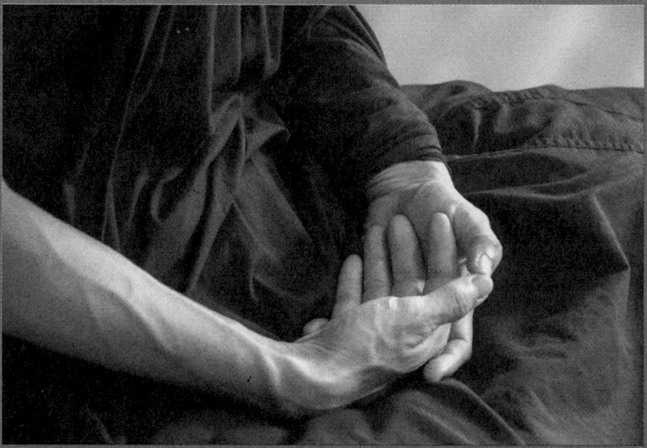

팔정도(八正道)

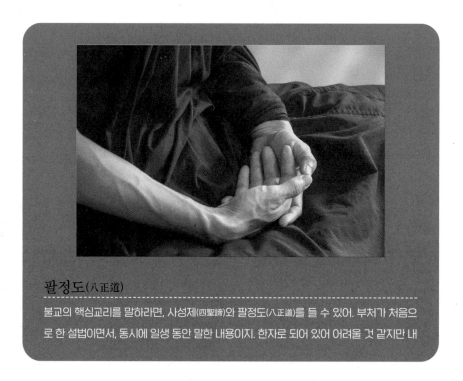

불교의 핵심교리를 말하라면, 사성제(四聖諦)와 팔정도(八正道)를 들 수 있어. 부처가 처음으로 한 설법이면서, 동시에 일생 동안 말한 내용이지. 한자로 되어 있어 어려울 것 같지만 내

용을 알고 보면 정말 쉬워. 부처의 고민은 지금 우리가 하고 있는 고민과 똑같았어. "우리의 고통은 어디에서 오는 걸까? 그리고 이 고통을 어떻게 없앨 수 있을까?" 이게 바로 사성제와 팔정도를 얘기하는 거야.
사성제의 첫 번째는 고성제(苦聖諦)인데, 생로병사. 즉 태어나서 늙고 병들고 죽는 것, 이 모든 게 고통이란 거야. 그러니까 태어났다는 것 자체, 존재한다는 자체가 괴로움이란 거야. 두 번째는 집성제(集聖諦)인데, 괴로움에 원인이 있다는 거야. 그 원인이 뭘까? 바로 인간의 욕망이 괴로움이 된다는 거지. 살아보겠다는 욕망, 즐거움을 쫓아가는 것, 이 모든 게 고통의 원인이 된다는 거야. 세 번째는 멸성제(滅聖諦)인데, 고통이 완전히 사라진 상태를 말해. 고통의 원인인 집착을 놓으면 평온만이 오지. 괴로움이 없는 삶. 이런 삶은 일반인으로서는 얻기 힘들어. 이런 삶을 얻기 위해서는 열반에 들든 해탈을 하든 해야 한다는 거지. 네 번째가 고멸도성제(苦滅道聖諦)라고 해서 고통을 없애는 8가지 수행방법이야. 이게 바로 팔정도(八正道)야. 불교 수행의 핵심이라고 할 수 있어. 이것만 제대로 실천해도 성인(聖人)이 될 수 있어! 이건 내가 장담해! 이렇게 말하는 건 그만큼 어렵다는 뜻이겠지?
바른 말 고운 말 쓰고, 올바르게 행동하고, 건강한 생각을 가지고 살기만 해도 주변에서 "정말 착한 사람이구나.", "법 없이도 살 사람이야." 같은 소리를 들을 거야. 여기서 내 생각을 조금만 보태자면, 진리는 멀리 있는 게 아니라는 말을 하고 싶어. 어렵고 이해하지 못할 논리를 만들어서 잘난 체해봤자 그게 삶의 철학이 될 수는 없어. 부처가 말한 팔정도는 글로 풀어 쓰면 별것 아닌 거 같지만, 제대로 실천하려면 '지옥'을 맛보게 될 거야. 우리가 얼마나 생각 없이 살아왔는지 느끼게 되기 때문이지.
철학은 아는 게 아니라 '실천'하는 게 훨씬 중요해. 앞에서 디오게네스가 한 말 생각나? 그가 역사에 이름을 남긴 건 괴짜라서가 아냐. 자신이 생각하고 믿는 걸 몸소 실천했기 때문이야. 그걸 잊지 마.

"아리스토텔레스의 중용을 말하다가 갑자기 팔정도는 뭐야? 자꾸 이리저리 점프할래?"

"그럴 만하니까 하는 거야. 잘 들어 봐. 팔정도는 정견(正

見, 바른 견해), 정사유(正思惟, 바른 사유), 정어(正語, 바른 말), 정업(正業, 바른 행위), 정명(正命, 바른 생활), 정정진(正精進, 바른 노력), 정념(正念, 바른 마음챙김), 정정(正定, 바른 선정)이야."

"이걸 다 알아야 해?"

"뭐… 알고 있으면 좋다는 얘기지."

생각해 봐. "세상은 역시 돈이 최고야. 그러니까 사람 죽이는 걸 직업으로 삼자!" 이걸 바른 견해라고 볼 수 있겠어? 아니지? 정견(正見)은 세상을 바라보는 바른 견해를 말해. 이런 바른 견해가 있어야지만, 바른 생각을 할 수 있어. "아무리 돈이 좋다지만, 사람을 죽이면서까지 돈을 버는 게 옳을까? 그건 잘못된 생각이야." 이렇게 말이야.

바른 말, 바른 행동, 바른 생활을 하면서 쉼 없이 깨달음을 얻기 위해 노력하는 거야. 그러기 위해서 깨어 있는 마음. 즉 마음챙김에 들어가는 거야. 이를 통해 마음은 고요한 평정의 상태를 유지하게 되는 거야. 그러면 어떻게 될까?

"괴로움과 집착의 상태를 벗어나 열반(涅槃)의 길로 들어가는 거야."

지금 여기서 여러분에게 스님 되라고 하는 건 아니니 오해하지 마. 내가 말하고 싶은 건 공자나 부처나 아리스토텔

열반(涅槃)

더 이상의 고통이 없는 상태. 어떤 깨달음에 의해 더 이상 고통받지 않게 되는 불생불멸의 법을 체득한 경지를 말해.

레스 모두 '중용'을 강조했다는 거야.

"이거 누가 먼저 말한 거예요?"

"저작권 보호해 줘야 하는 거 아니에요?"

"표절 아닙니까?"

설마 이렇게 생각하는 건 아니겠지? 지금 가장 적절한 생각은, "동서양을 떠나 진리는 비슷하구나"라는 거야. 동서양의 고전을 읽다 보면, 자연스럽게 느끼게 될 거야. 자, 다시 아리스토텔레스로 돌아갈게.

"이 중용은 실천적 지혜를 가지고 있는 사람이 바로 그것에 의해 중용을 규정할 그런 이성에 의해 규정된다. 그것은 두 악덕, 즉 지나침으로 말미암은 악덕과 다른 하나의 악덕, 즉 모자람으로 말미암은 악덕들 사이의 중용이다."

두 가지 악덕, 그러니까 너무 많거나 너무 모자란 것 사이에서 균형을 잡아 주는 게 바로 '실천적 지혜'야. 어렵게 생각하면 한없이 어려운 말이지만, 쉽게 '선한 것을 목표로 적절하게 판단하고 행동하는 능력'이라고 이해해 줘. 그러니까 하나의 원칙, 방향성이라고 생각해. 판단 근거라고 생각해도 괜찮아. 세상을 살아가다 보면 판단을 내려야 할 때가 수도 없이 펼쳐지지. 예를 하나 들어 보자. 길을 가는데 네 앞에 지갑이 떨어져 있어. 이런 때 어떻게 할까?

"내 물건 아니니까 경찰서에 신고하자." 하고 생각할 수도 있고, "주운 사람이 임자지. 내가 날름 먹을래." 하고 생각할 수도 있어. 이런 판단의 기로에서 어떤 '방향성' 혹은 '원칙'을 미리 세워 뒀다고 생각해 봐. 그렇다면 주저 없이 소신대로 행동하게 될 거야. 아리스토텔레스라면 선한 걸 택했을 테니까 아마 경찰서에 신고를 했겠지.

이런 원칙은 철학의 개념을 뛰어넘어 우리 인생이 가야 할 방향을 미리 정해 놓는 거야. 이런 걸 '신념'이라고 할 수도 있겠지.

"난 양심을 속이지 않고 살래."

이렇게 방향을 정했다고 해 보자. 살다 보면 수많은 유혹이 찾아올 거야. 그때 양심을 속이지 않겠다는 신념은 '꽤' 도움이 돼. 물론 원칙이나 방향성이 잡혀 있다 해도 전혀 고민하지 않는 건 아니야. 그러나 강한 신념이 있다면 결론 내리기가 쉬워지지. 그런 판단의 상황에서 선한 선택을 반복하다 보면, 그게 곧 습관이 되고 성품이 된다는 거야.

아리스토텔레스는 중용을 말하면서, 용기, 절제, 관후, 긍지, 온화, 진실, 재치 등등을 말했어. 너무 대담하면 무모한 사람이고, 너무 모자라면 겁쟁이가 돼. 용기는 비겁과 무모의 중용이야. 쾌락에 있어서도 너무 지나치면 무절제한 것이고, 너무 모자라면 무감각한 사람이 돼.

선한 것을 목표로 모자라지도 과하지도 않은 상황을 선택하는 것. 그것이 바로 중용이고, 이 중용을 통해서 행복해질 수 있다는 게 아리스토텔레스의 주장이야.

부족함 중용 과도함
비겁 용기 만용
둔감 절제 방종
인색 관후 낭비
퉁명 친절 아첨

10 아리스토텔레스의 행복

"행복한 시간은 일생에서 얼마나 될까?"

한번 떠올려 봐. '행복'이라고 하지 말고 '기분 좋은 상태'라고 생각해 보자. 기분 좋은 시간이 얼마나 돼?

"게임 할 때요!"
"맛있는 거 먹을 때요!"
"영화 볼 때요!"

이처럼 자기가 좋아하는 일을 할 때의 시간을 다 합해 봐. 하루 중 정말 '기쁜 시간'은 얼마나 될까? 아마, 길지 않을 거야. 내가 아는 지인이 이런 말을 해 준 적이 있어.

"인생은 고통이야. 사는 것 자체가 고역이지. 이 고통을 버틸 수 있게 하는 게 뭔지 알아? 살다 보면, 드문드문 '빛'처럼 깜박이다가 사라지는 '행복'이나 '소소한 기쁨'이 있기 때문이야. 힘들고 지쳐서 이제 그만 포기할까 하다가도 반짝하고 빛나는 어떤 기쁨. 그걸 에너지로 또 고통의 길을 걸어가는 거야."

상당히 비관적이지? 개인적으로 이 의견에 동의할 수는 없지만, 되새겨볼 만한 의미가 담겨 있어. 솔직한 심정으로 아리스토텔레스보다 지인의 말이 더 와닿는 면도 있어. 인생 전체를 놓고 보면, 괴로운 일이 즐거운 일보다 훨씬 많기 때문이야. 학교에서 공부하는 걸 정말 좋아하는 사람이 얼마나 될까? 공부하는 것보다 노는 게 더 좋지 않아? 어른이 돼서도 일하는 것보다는 노는 게 더 좋을 거야. 그런데 우리는 왜 공부하고 일을 해야 할까? 먹고살아야 하기 때문이지. 이런 상황에서 우리로 하여금 버티게 하는 원동력이 뭘까? 바로 일상을 스쳐 지나가는 '소소한 기쁨'이나 '행복' 아니겠어?

그렇다면 행복해지려면 어떻게 해야 할까? '소소한 기쁨'이나 '행복'을 늘려 나가면 되는 거지.

"그렇게 버티면 돼."

내 지인이 덧붙인 말이야. 이건 행복이 '순간'인 거고, 이 행복이 인생을 살아가는 '진통제' 같은 역할을 한다는 의미

야. 이런 생각에 대해 옳다 그르다 말할 순 없어. 내 지인은 행복을 그렇게 생각했고, 그걸 자기 인생에 그대로 적용했어. 하지만 아리스토텔레스는 생각이 좀 달랐어.

“한 마리의 제비가 봄을 만드는 것도 아니며, 날이 좋은 하

루가 봄을 만드는 것도 아니듯, 행복한 하루나 짧은 시간이 지극히 복되고 행복한 사람을 만드는 것도 아니다."

아리스토텔레스가 생각한 최고의 행복은 무엇일까?

이 말은 행복은 일시적인 기쁨이 아니란 의미야. 아리스토텔레스는 일생에 거쳐 이어지는 행복을 말했어(그래서 덕성이 나오고, 습관이 나온 거야). 그런 그가 최고의 완전한 행복이라고 말한 게 있어. 바로 '관조적 삶'(관조란 말이 좀 어렵지? 그냥 '조용한 마음으로 느긋하게 세상을 바라본다'는 정도로 이해해 봐)이지.

아리스토텔레스는 인간으로서 우리 안에 주어진 능력들을 현실화함으로써 삶이 완성된다고 생각했어. 이 중 관조적 능력은 '신'적인 능력이지만, 우리 안에 분명히 주어졌다고 생각했지. 이 능력을 끌어내 최대한 발휘하면 완전한 행복에 이른다는 거야.

"이 관조 활동은 단지 그 자체 때문에 사랑을 받는 것으로 여겨진다. […] 또 행복은 한가함 속에 있는 것처럼 보인다. 왜냐하면 우리는 한가를 얻기 위하여 고생을 하며 힘들게 사는 것이고, 그리고 우리는 평화를 얻기 위하여 전쟁을 하는 것이기 때문이다."

행복이 덕성을 따르는 활동이라고 말했던 것 기억나? 이

고귀한 덕성을 키우기 위해서는 중용의 습관을 들여야 하잖아? 그렇게 중용의 길을 닦는 거지. 이 모든 활동을 위해서는 이성이 필요해.

인간이 가진 것들 중 가장 아름답고 신적인 부분을 추구하는 게 이성이야. 이 이성을 갈고닦기 위한 활동이 '관조적인 삶'이라는 거지. 이해했어?

나는 《니코마코스 윤리학》을 읽는 사람의 99퍼센트가 이렇게 살지 못한다고 봐. 그럼 대체 이 책을 왜 읽어야 할까? 간단해.

"2400년 전 철학자가 행복에 대해 말했는데, 그중에서 쓸 만한 것들… 그러니까, 우리 삶에 당장 적용할 수 있는 것들을 뽑아서 적용하고 행복해지자!"

바로 이거야. 《니코마코스 윤리학》은 좋은 책이야. 이 책이 말한 것을 모두 지킨다면 행복해질 수도 있어. 그렇지만 그게 가능한 사람은 손가락으로 꼽을 정도야. 책의 내용을 설사 다 지킨다 해도 그 사람이 반드시 행복해질 거라는 보장은 없어. 이쯤에서 내 개인적인 생각을 솔직히 말해 볼까?

"아리스토텔레스니까 그렇게 살았지. 일반인이 그렇게 살 수 있는 줄 알아?"

앞에서 아리스토텔레스의 인생을 말할 때 그가 '금수저'로 태어났다는 사실을 강조한 거 기억나? 냉정하게 말해서 아리스토텔레스는 '돈'이 많은 사람이라 이런 '행복론'을 말할 수 있었어. 그가 말한 행복의 조건을 봐.

"돈이 많아야 하고, 적당히 배워야 하고, 외모도 잘생겨야 하고, 권력도 좀 있어야 하고, 자식도 있어야 하고…."

이런 기본 조건을 다 채울 수 있는 사람이 몇이나 되겠어? 반면 아리스토텔레스의 인생은 어땠어? 금수저로 태어나 좋은 머리로 당대 최고의 대학에서 명성을 날렸잖아. 평생 돈 걱정 없이 하고 싶은 공부 다 하면서 산 사람이 이렇게 말하는 거야.

"한가하게 세상을 돌아보며 관조하는 삶이 최고의 행복이다."

이건 아리스토텔레스니까 가능했던 거야. 오늘날 우리가 이렇게 이야기하기란 쉽지 않지. 우리나라에 자살자가 많은 이유를 한번 생각해 봐. 아리스토텔레스처럼 산다는 건 뱁새가 황새 쫓아가다 가랑이 찢어지는 꼴이야. 그럼 우리는 어떻게 이 책을 받아들여야 할까?

11

우리가 찾아야 할 행복

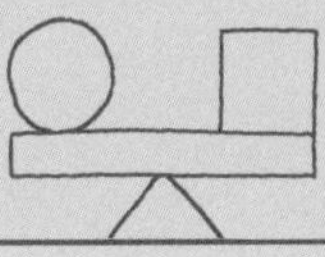

《니코마코스 윤리학》을 공부하기 위해서 읽겠다면 그 사람 몫이야. 그런데 행복해지기 위해서 이 책을 다 읽겠다면? 굳이 말리진 않겠어. 좋은 경험은 될 테니까. 그렇지만 그 시간이 행복에 다가가는 것이라는 생각은 하지 않는 편이 좋을 거야. 지독하게 머리 아프니까 말야. 그래서 내가 권하고 싶은 방법은 바로 이거야.

"이 안에서 내가 행복해질 수 있는 방법을 몇 가지만 뽑아내겠다."

지금까지 내가 이 글을 쓴 이유도 바로 여기에 있어. 그럼, 내가 뽑아낸 《니코마코스 윤리학》의 행복을 정리해 볼게.

첫째, 우리 인생의 목표는 행복이야. 인생의 목표

이걸 꼭 기억해 줬으면 해. 우리는 행복해지기 위해 태어났어. 아리스토텔레스는 지극히 논리적으로 분석했지만, 이건 사실 분석까지 갈 필요도 없어. 불행해지고 싶어 인생을 사는 사람 있어? 없지? 그런데도 우리는 살아가면서 이 단순한 진리를 쉽게 잊어버려.

"나, 왜 사는 거지?"

문득 이런 질문을 하게 되는 때가 있잖아? 이미 경험해 본 친구도 있고, 앞으로 경험할 친구도 있을 거야. 분명한 건 살면서 최소한 한 번 이상은 이런 말을 내뱉는다는 거야. (아닐 거 같지? 살아 봐.) 그때 지하 150미터 천연 암반을 뚫고 들어갈 기세로 우울해지거나 주변 사람들에게 괜한 화풀이하지 말고 스스로에게 이 대답을 해 줘.

"나는 행복해지려고 태어났다."

그러고는 지금 서 있는 곳에서 자신이 가장 행복해질 수 있는 방법이 뭔지를 고민해 봐. 아리스토텔레스가 인생의 목표를 행복이라고 말한 건 단순한 선언이 아냐. 인생의 '기준'이야. 그러니까 스스로 행복할 수 있는 방법을 끊임없이 고민해. 그게 인생을 잘 사는 방법이야.

둘째, 삶의 목적이 있는 사람이 행복하다.

삶의 목적

무슨 말이 더 필요하겠어? 인생에 자기만의 목표를 설정해. 삶의 목적이 분명한 사람은 길을 헤매거나 잃더라도 쉽게 극복할 수 있다고 했잖아? 삶의 목적이 있으면 행복을 떠나 인생 자체가 농밀해진다고 해야 할까? 삶의 목적과 맞물리는 이야기인데, 뭘 소유한다고 행복해지는 게 아니라 활동 그 자체가 행복이란 것도 잊지 마. 목적이 분명하다면, 그 과정을 즐길 수 있어.

운이 작용하는 인생

셋째, 인생은 운도 작용해.

아리스토텔레스가 말한 행복의 '외적인 조건' 기억나? 행복해지려면, 어느 정도의 경제적 부, 외모, 집안, 교육, 권력, 자식 등등이 필요하단 말. 이건 달리 말해서 인생은 어느 정도 '운'에 좌우된다고 설명할 수 있어. 냉정하게 말할게.

"한 인간의 인생을 결정짓는 요소 중 가장 중요한 건 그 사람이 어디서 태어났냐는 거다."

이걸 반박할 수 있는 사람 있을까? 내전 상태인 시리아에 태어난 아이가 아이돌 가수나 훌륭한 물리학자를 꿈꾸기는 쉽지 않겠지. 사람은 어떤 집안에서 태어나는가도 중요하지만, 그보다 어떤 나라, 어떤 시대에 태어나는가가 훨씬 중요해. 사람의 인생은 태어났을 때 상당한 부분이 결정됐다고 봐도 무방해.

'인생은 운도 작용한다'라는 말의 핵심은 인생은 본질적으로 불공평하다는 거야. 아리스토텔레스는 이를 완곡히 돌려서 말했어.

"마치 훌륭한 장군이 현존하는 부대를 전략적으로 가장

적절하게 만들어 내며….”

이 말의 핵심은 현재 가지고 있는 ‘자원’을 가지고 행복해지도록 애써 보라는 의미야. 좀 더 직설적으로 말하자면 이런 뜻이야.

“불공평을 인정하고, 가지고 있는 것으로 행복을 얻기 위해 노력하라.”

결국 여기서부터야. 행복은 인생이 불공평하다는 걸 인정하면서 시작돼. 누구는 재벌 아들로 태어나고, 누구는 생활보호대상자의 아들로 태어나. 시작부터가 다르지. 더구나 요즘같이 사교육이 범람하는 시대에는 가지지 못한 집에서 태어난 아이는 제대로 된 교육의 기회를 잡기도 어려워. 그만큼 인생의 격차는 커져 갈 수밖에 없어.

그럼 인생이 불공평하니까 그만 포기해야 할까? 냉정하게 말할게. 포기하는 것도 포기하지 않는 것도 각자 선택해야 할 문제야. 그런데 앞에서 말했잖아? 우리 인생의 목표는 행복해지는 거라고. 인생의 목표가 포기하는 것은 아니지.

그러니까 우리의 인생이 오롯이 평등하지는 않다는 사실을 인정하고, 거기서부터 시작해야 해. 그 안에서 자신이 행복해질 방법을 찾고, 인생의 목표를 정한 뒤에 그 목표를 향해 달려간다면, 새로운 '행운'이 다가올 거야.

내가 《니코마코스 윤리학》에서 얻은 바를 들려줄 수 있는 건 여기까지야. '중용'이나 '실천적 지혜' 같은 중요한 말들도 있지만, 이건 살면서 자연스럽게 깨닫게 되어 있어. 억지로 배워서 깨칠 수 있는 게 아냐.

여러분 각자가 삶의 목표가 뭔지를 고민하고, 인생이 평등하지 않지만 자신에게 주어진 삶의 조건을 최선으로 바꾸는 과정에서 인생을 풍요롭게 사는 길을 발견할 수 있을 거야. 우리 인생의 목표는 행복해지는 것이니까 말이야.

맺는말

아리스토텔레스의 《니코마코스 윤리학》을 다시 펼쳐보면서 옛 추억을 떠올렸다. 이 책을 처음 접했던 무렵, 책을 읽으면 행복해질 수 있다고 믿었다. 그러나 책장을 넘기며 내가 심각한 '착각'에 빠졌음을 실감했다. 1~2권을 겨우 읽고 3권에 들어설 무렵에는 "이 책은 사람이 읽으라고 쓴 책이 아니다!"라며 아리스토텔레스에게 온갖 저주를 퍼부었던 기억이 난다.

그런데 26여 년이 지난 지금 책을 다시 펼쳐 보니 눈에 새롭게 들어오는 대목이 있었다. 누군가 말했듯, '젊을 때 배우고 나이 들어 이해한다'는 걸 실감할 수 있었다. 삶의 경험으로 보는 시야가 넓어졌다고 해야 할까?

청소년기에 있는 학생들을 위해 《니코마코스 윤리학》을 설명하는 책을 쓸 당시 많은 고민을 했다. 원전 그대로를 간추려 해설서 같은 느낌으로 접근해야 할지, 아니면 책 안에서 내가 보고 느낀 것과 그중에서 중요하다고 생각하는 내용을 위주로 전달해야 할지 결정하기가 어려웠기 때문이다. 고민은 이어졌고, 고전으로 만나는 진짜 세상 시리즈를 다시 기획한 목적이 무엇인가에 대해 근원적인 질문까지 하게 됐다. 단순히 시험을 위해 읽을 거라면, 내가 이 책을 다시 펴낼 이유가 있을까?

답이 나왔다. 결국 내 멋대로(?) 해석한 아리스토텔레스의 '행복론'을 출간하게 됐다. 이 책에서 내가 해석한 '행복론'이 아리스토텔레스가 주장한 행복과 다른 내용이라고 느껴진다면, 그건 전적으로 내 잘못이다. 내 능력이 그것밖에 안됐기 때문에 그런 해석이 나온 것일 테니까.

2400년 전 아리스토텔레스가 고민한 '행복'은 인류의 영원한 숙제다. 아마도 인간이란 종이 멸망할 때까지 풀리지 않을 것 같다. 정답이 없는 숙제와도 같으니까. 그래도 우리는 이 숙제를 포기할 수 없다. 우리는 모두 행복해지기 위해 태어났기 때문이다. 행복은 외면할 수도 무시할 수도 없는 삶의 본질과도 같다. 그렇기에 두 눈 부릅뜨고, 똑똑히 '행복'을 바라봐야 한다. 그리고 그 결과를 용기 있게 실천으로 옮겨야 한다. 그럴 때 우리는 행복해질 수 있다. 혹시 온전히 행복해지지 않더라도 후회 없는 삶을 살았다고 이야기할 수는 있을 것이다.

정답이 없는 인생에서 결국 '용기'만이 삶을 헤쳐 나갈 무기가 된다. 우리가 가진 수많은 감정 중에서 자신을 진정으로 풍요롭게 만드는 건, 겁내지 않고 당당히 맞서는 '용기'이기 때문이다. 26여 년 만에 다시 펼쳐 든 《니코마코스 윤리학》을 보면서 내린 결론이다.

고전으로 만나는 진짜 세상 시리즈 1, 2권은 서양철학사에서 고른 책들이었다. 다음 책은 동양의 고전으로 《논어(論語)》를 다뤄 볼까 한다. 공자의 삶과 사상을 이해하기 위해 반드시 읽어야 하는 책이다. 한때 '공자가 죽어야 나라가 산다'는 말이 나올 정도로 유교 문화의 폐단을 비판하는 시각도 있었지만, 이는 사실 유교를 잘못 이해했기 때문이다. 유교만큼 실용적인 학문도 없다.

선천적으로 게으른 사람이지만, 책을 통해 여러분을 만나는 '행복'을 계속 누릴 수 있도록 응원해 주시길 바란다. 기대에 부응하기 위해서 고전으로 만나는 진짜 세상 시리즈를 더 열심히 보강하겠다.